STRATEGY FOR NATIONAL SCIENCE AND TECHNOLOGY

国家科技战略

陈玉涛　主编

全国工业和信息化科技成果转化联盟
中关村中企慧联先进制造产业技术联盟　编著

企业管理出版社
ENTERPRISE MANAGEMENT PUBLISHING HOUSE

图书在版编目（CIP）数据

国家科技战略／陈玉涛主编；全国工业和信息化科技成果转化联盟，中关村中企慧联先进制造产业技术联盟编著． -- 北京：企业管理出版社，2018.9
  ISBN 978 - 7 - 5164 - 1768 - 3

Ⅰ.①国… Ⅱ.①陈… ②全… ③中… Ⅲ.①科学技术管理 - 研究 - 中国 Ⅳ.①F204

中国版本图书馆 CIP 数据核字（2018）第 196764 号

书　　名：	国家科技战略
作　　者：	陈玉涛
选题策划：	周灵均
责任编辑：	周灵均
书　　号：	ISBN 978 - 7 - 5164 - 1768 - 3
出版发行：	企业管理出版社
地　　址：	北京市海淀区紫竹院南路 17 号　　邮编：100048
网　　址：	http://www.emph.cn
电　　话：	编缉部（010）68456991　发行部（010）68701073
电子信箱：	emph003@sina.cn
印　　刷：	北京宝昌彩色印刷有限公司
经　　销：	新华书店
规　　格：	170 毫米 ×240 毫米　16 开本　15.25 印张　176 千字
版　　次：	2018 年 9 月第 1 版　2018 年 9 月第 1 次印刷
定　　价：	68.00 元

版权所有　翻印必究·印装有误　负责调换

编委会

主　编：陈玉涛

副主编：杨秀丽

编　委：（排名不分先后）

马小纲　张　健　于广昌　甄敏娜

李桂芳　任丽丽　高　媛　刘晓彤

前 言

当前,在经济全球化的推动下,全球市场不断融合,国与国之间的竞争也变得日益激烈。为了在国际竞争中赢得一席之地,世界主要国家特别是发达国家普遍重视科技战略的制定。20世纪40年代以来,发达国家将科技计划作为组织国家科技活动的重要形式,在长期的实践中积累了丰富的经验,也形成了符合国情的科技战略管理体制。研究这些国家的科技战略,对于理解我国当前的科技计划体制具有重要意义,对企业制定科技战略同样具有借鉴意义。

科技是国家强盛之基,创新是民族进步之魂。党中央站在国家长远发展和民族伟大复兴的战略高度,基于对科技创新战略意义的理性审视,明确提出到2020年使我国进入创新型国家行列,到2030年使我国进入创新型国家前列,到中华人民共和国成立100年时使我国成为世界科技强国。科技强国的建设要理顺企业、高校、科研院所创新主体在创新链不同环节的功能定位,激发各类主体的创新激情和活力。企业作为市场经济的主体,是实施制造强国战略的主力军,深刻理解国家的科技战略不仅对于企业明确自身的发展方向、制订符合企业需要的科技计划具有巨大的指导作用,也关系着企业如何参与到我国的制造强国战略中来,为我国的制造业强国建设贡献出自身的一份力量。

我们撰写这本书,主要目的在于通过梳理主要国家的国家战略,使企业更好地理解我国科技计划的管理体制及其内涵,最终在制定企业科技战略的过程中发挥其指导作用,也供想要了解我国科技战略的人士进行参考。本书在撰写过程中,尽可能查阅翔实的资料,但由于能力及时间关系,本书难免存在不足之处,敬请广大读者和专家批评指正。

全国工业和信息化科技成果转化联盟
2018年6月

目 录

前　言 …………………………………………………………………… 1

第一章　科技战略概述 ………………………………………………… 1

第二章　美国的科技战略及其管理机制 ……………………………… 5
 第一节　美国的科技管理体制 …………………………………… 6
 第二节　美国科技计划的组织实施 ……………………………… 9
 第三节　美国科技管理的特点 …………………………………… 18
 第四节　典型科技计划管理举例——ARPA－E 的计划管理 …… 25

第三章　英国的科技战略及其管理机制 ……………………………… 29
 第一节　英国的科技管理体制 …………………………………… 30
 第二节　英国科技计划的组织实施 ……………………………… 32
 第三节　英国科技管理的特点 …………………………………… 35
 第四节　典型科技计划管理举例
     ——"数字经济"主题管理计划 ……………………… 38

第四章　法国的科技战略及其管理机制 ……………………………… 49
 第一节　法国的科技管理体制 …………………………………… 50
 第二节　法国科技计划的组织实施 ……………………………… 52

第三节　法国科技管理的特点 …………………………………… 56
  第四节　典型科技计划管理举例——未来投资计划 …………… 62

第五章　德国的科技战略及其管理机制 ……………………………… 69
  第一节　德国的科技管理体制 …………………………………… 70
  第二节　德国科技计划的组织实施 ……………………………… 71
  第三节　德国科技管理的特点 …………………………………… 80
  第四节　典型科技计划管理举例——"工业4.0"计划 ………… 85

第六章　日本的科技战略及其管理机制 ……………………………… 89
  第一节　日本的科技管理体制 …………………………………… 90
  第二节　日本科技计划的组织实施 ……………………………… 91
  第三节　日本科技管理的特点 …………………………………… 97
  第四节　典型科技计划管理举例——超大规模集成电路计划 … 102

第七章　韩国的科技战略及其管理机制 ……………………………… 107
  第一节　韩国的科技管理体制 …………………………………… 108
  第二节　韩国科技计划的组织实施 ……………………………… 110
  第三节　韩国科技管理的特点 …………………………………… 112
  第四节　典型科技计划管理举例——韩国科学技术基本计划 … 116

第八章　我国的科技战略及管理机制 ………………………………… 121
  第一节　我国的科技管理体制演变 ……………………………… 122
  第二节　我国国家科技计划的组织实施 ………………………… 129
  第三节　我国科技管理体制存在的问题 ………………………… 130
  第四节　典型科技计划举例——国家重点研发计划 …………… 138

第九章　国家科技战略政策解读 143
第一节　中国科技计划体系 144
第二节　中国科技计划体系内涵 145
第三节　国务院发布的相关文件 179
第四节　科技部发布的相关文件 181

第十章　企业科技战略 183
第一节　科技战略在企业可持续发展中的地位 184
第二节　企业如何规划科技战略 188

第十一章　科技战略引领案例 197
第一节　湖南中锂新材料有限公司 198
第二节　上海上创超导科技有限公司 204
第三节　国家信息光电子创新中心 215
第四节　万丰轻量化材料制造业创新中心 222

后　记 231

第一章

科技战略概述

科技发展战略是国家发展战略的一个组成部分，它为社会经济发展战略服务，同时又受社会经济发展战略的制约。确立战略目标是制定科技发展战略的关键环节，它一般具有全局性、长期性、可行性、最优性等特征。

确定科技发展战略目标分为两个阶段：首先，根据国家总体发展战略目标，确定科学技术总的发展水平；其次，根据科学技术总的发展水平目标，根据科技、经济、社会发展的实际可能性，确定科技发展的战略目标体系和战略重点。中国制定的科技发展战略分成两大部分：一部分是直接面向当前经济建设，一部分是为今后相当长一段时期内，为取得国家竞争优势而进行的探索性科技工作。

科技战略是由一系列科技计划构成的规划体系。按时间长短可划分为两个层次：①长期规划是一种指导性的科技规划，一般为 10~15 年；②中期规划与国家 5 年经济发展计划并行，一般是 5 年，其核心是配合近期经济发展需要而制定的国家重点科技项目。

国家科技计划是科技发展方针政策的客观表现和具体化，它反映科技发展的水平和科技体制改革的进程。科技发展规划是国民经济发展规划的重要组成部分。科技要面向经济，又要走在经济建设的前面。因此制定正确的科技发展规划，对国家近期和长远的发展均有重要意义。用系统工程方法制订科技发展规划，能对国家发展科学技术的有限资源（包括人才、资金、设备、时间等）进行总体协调、综合平衡、合理利用，取得良好的经济效益，保证按期达到规划目标。

中国自 1956 年以来编制过多次科技发展长远规划，对科技事业的发展起了指导和推动作用，为经济发展、国防建设和社会进步做出了贡献。

《1956—1967 年科学技术发展远景规划纲要（草案）》，由国务院科学研究计划工作小组于 1956 年 8 月完成，参加这次规划编制工作的科学家和高级技术人员达 757 人，包括《57 项重要科学技术任务》等四个附件，采取了四项措施，提出集中力量发展电子技术、自动化技术、半导体技术、喷气技术和核技术。到 1962 年原规划的任务已基本完成。

《1963—1972 年科学技术发展规划纲要》，是由中央科学小组和国家科委在"12 年科学规划"的基础上制定的。这个规划包括 6 个部分，即纲要、重点项目规划、科技事业发展规划、工农业科学技术发展事业规划、技术科学规划和基础科学规划，共 77 卷，374 个重点研究项目。

《1978—1985 年科学技术发展规划纲要》，这是 1978 年 3 月在全国科学大会上讨论通过的规划。规划中提出了 108 个重点项目以及农业、能源、材料、电子计算机、激光、空间技术、高能物理和遗传工程 8 个重点发展领域。

《1986—2000 年全国科学技术发展规划纲要（草案）》，这是科技发展轮廓设想。规划包括科技发展任务和科技发展政策两部分。按 27 个行业提出 500 多个科技项目，确定了优先发展 6 个新兴技术领域。

《国家中长期科学和技术发展规划纲要（2006—2020 年）》，认为 21 世纪的头 20 年，是我国经济社会发展的重要战略机遇期，也是科学技术发展的重要战略机遇期。到 2020 年，我国科学技术发展的总体目标是：自主创新能力显著增强，科技促进经济社会发展和保障国家安全的能力显著增强，为全面建设小康社会提供强有力的支撑；基础科学和前沿技术研究综合实力显著增强，取得一批在世界具有重大影响的科学技术成果，进入创新型国家行列，为在 21 世纪中叶成为世界科技强国奠定基础。

当前，科研被认为是促进经济增长和发展的关键因素，并得到了所有国家的重视。2015 年 11 月 10 日，联合国教科文组织在巴黎总部发布《2015 年科学报告：面向 2030》。报告指出，尽管全球经济受到 2008 年经济危机的冲击，但全球范围内用于研究与发展的国内总支出大幅增长。2007—2013 年，这项支出从 11320 亿美元上涨至 14780 亿美元，增幅达 31%，高于同期全球国内生产总值 20% 的增幅。

报告显示，美国的研发费用投资占全球研发费用投资的28%，依旧处于领先位置，中国紧随其后（20%），超越欧盟（19%）和日本（10%）。占世界人口67%的其他地区其研发投资仅占全球研发投资的23%，但巴西、印度和土耳其等新兴国家用于研发的投资正在迅速增加。本书将美国、德国、英国、法国、日本和韩国的科技战略作为研究对象，介绍每个国家科技管理体系、科技战略的主要特点以及主要的战略方向，以使读者更好地了解我国当前的国家科技战略（计划），理解其内在逻辑，在制定企业科技战略时提供更好的思路。

第二章
美国的科技战略及其管理机制

第一节 美国的科技管理体制

"二战"以后，美国的科技水平和国力一直领先于世界其他国家，美国的总体战略目标就是要保持"超级大国"的国家利益。因此美国在科技战略上十分注重抢占科技制高点，提出了多个具有前瞻性的科技计划，并形成了高效的多元分散性科技管理体制。

美国是三权分立国家，行政、立法、司法系统都不同程度地参与国家科技战略的制定与管理工作。从宏观来看，美国的科技管理体制主要是由总统（白宫）、国会和各联邦部门科技机构组成。国会主要是负责相关法律的制定，通过对全国科学技术相关的立法权、大型科研项目的拨款权以及政府科研项目审批权的控制来保障科技发展，并设有国会审计办公室来负责科技预算和计划的审计工作。联邦政府在科技管理，特别是科技计划的制订上有更多的参与，其中总统集中了全国科技活动的决策权和领导权。与科技相关的联邦部门比较多，每个部门都有与本部门相关的科学技术预算和计划。

白宫科技管理部门是政府最高科技管理决策机构。白宫的科技管理部门主要由科学技术政策办公室（OSTP，以下简称科技政策办公室）、国家科学技术委员会（NSTC）、总统顾问委员会（PCAST）组成。美国的科技组织结构，如图2-1所示。

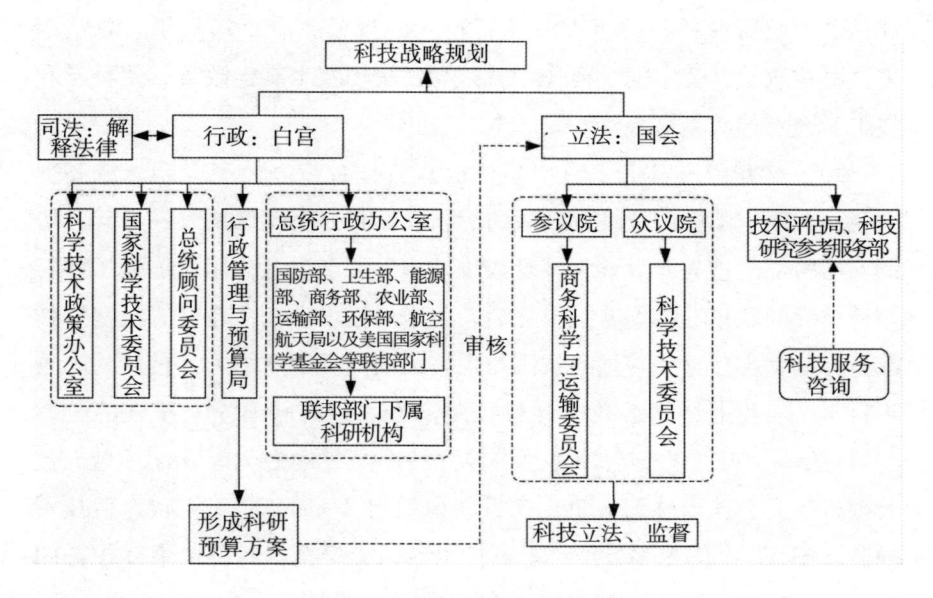

图 2-1 美国的科技组织结构

一、科技政策办公室①（OSTP）

1976年，白宫科技政策办公室（OSTP）依据《国家科技政策、组织和重点法令》成立，由总统科技顾问兼任主任，为总统方面的重大政策、计划，以及联邦政府项目提供政策咨询建议。可以说科技政策办公室是总统获得科学观点并进行仔细审查的通道，在白宫政策决定中具有十分重要的地位。其政策建议覆盖范围十分广阔，涵盖了科学、工程、经济和技术、国土安全、健康、外交关系、环境以及其他主题。

OSTP也担负跨部门的科技政策协调工作，协助管理和预算办公室在联邦研究与发展预算年度的回顾和分析，并提供科学与技术的分析和判断，保证联邦政府在科技研发上的投资有利于经济繁荣、环境质量和国家安全，协调联邦、州和地方政府及科研机构建立良好的对外关系，

---

① 资料来源：白宫官方网站：https://www.whitehouse.gov/ostp/.

评估联邦政府的科技政策以及项目投入的规模、质量和效果。总结起来，科技政策办公室的主要作用就是为科学和技术制定政策，使科学和技术为政府的政策服务。

2009年奥巴马政府上台以后，白宫科技政策办公室受到总统高度重视，在制定美国的科技创新战略、推动联邦研发预算增长、发起并协调各项跨部门重大研发计划等重大决策中发挥了重大作用，加强了政府与科技界的联系。特朗普上台之后，由于迟迟没有任命自己的白宫科技政策办公室主任这一美国科技圈与白宫之间的关键联络人，被认为不重视科学，实施上特朗普政府在科技政策方面也有轻有重。重视的是与"美国第一"有关的安全等方面，轻视的则是气候变化等环保领域，让美国科技界一些人感到失望。在特朗普政府公布的2018年联邦科技资助蓝图中，5个优先领域是：军事技术、国土安全、经济繁荣（相关的科技）、能源优势、人民健康。可以全面地看出各个科技领域的"轻"与"重"。

二、国家科学技术委员会[①]（NSTC）

美国科技政策办公室下的国家科学技术委员会（NSTC）于1993年11月23日由克林顿签署的第12881号美国总统行政命令得以成立。这个内阁级的委员会旨在跨越各种实体，通过协调科技政策的实施来促进政策落实。

从人员构成上来看，NSTC由美国总统挂帅，由副总统、科技政策办公室负责人、内阁秘书、对科技负有重要责任的有关机构负责人以及白宫其他的官员组成。在实践中，科学技术政策主席助理负责监督NSTC正在进行的活动。

NSTC的一个主要目标是为联邦科技投资设立明确的国家目标，这些目标涵盖了行政部门几乎所有的任务领域。NSTC的工作由五个主要

---

① 资料来源：白宫官方网站：https://www.whitehouse.gov/ostp/nstc/.

委员会组成：环境、自然资源和可持续发展委员会，国土和国家安全委员会，科学、技术、工程和数学（STEM）教育委员会，科学委员会，技术委员会。每个委员会都对小组委员会和工作组进行监督，这些小组委员会和工作组分别负责科技的不同方面并同联邦政府进行协调。

三、总统科学和技术顾问委员会（PCAST）

美国总统的科学和技术顾问委员会（PCAST）是一个顾问小组，在每届政府中都有一个广泛的授权，向总统提供科学和技术方面的建议。PCAST 最初是通过执行命令 13226 来建立的。从 2000 年改组以来，总统下属的 PCAST 长期以来始终充当着白宫与学者、行业专家以及其他帮助政府处理各类复杂和前沿问题的人的主要沟通渠道。在 2010 年 4 月 21 日由行政命令 13539 重新建立。在 2017 年 9 月 29 日，白宫以行政命令更新了 PCAST 宪章。其主要职能是：为总统提供咨询，应总统或者总统科技顾问的要求提供信息、分析、评价和建议；面向社会广泛收集信息和思想；承担总统创新与技术咨询委员会和国家纳米技术咨询小组的角色。

特朗普上任以来，该委员会一度处于沉寂状态，但政府表现出了重建总统科学和技术顾问委员会（PCAST）的意愿，并保留了负责监管政府数百万美元经费的纳米技术研究、信息技术研究和气候变化的三个办公室。

第二节　美国科技计划的组织实施

一、部门计划的管理

美国联邦政府科技计划的预算、决策、实施、管理、评价程序严谨而有序，蕴涵着"自上向下"与"自下而上"两条线。美国科技计划的支持方向、目标、额度等问题的决策程序是自上向下的，而科技计划的预算、申报、遴选、资金分配等问题的决策程序则是自下而上的。两条线既相对独立，又相互影响，形成一个反馈闭环。

自上向下的过程是：白宫和国会制定美国科技战略规划，预算管理部门编制相应预算规划，各部门在国家科技战略的指导下编制相应领域中长期科技计划。

（1）由美国白宫科技咨询与管理机构和国会制定美国战略规划，强化基础研究和国家目标之间的联系，明确国家相关科技部门的权责，确定该时期的重点资助领域，促进基础设施的建设，提高全美国人的科技素质，并为其他科技计划的制订提供依据。

（2）白宫科技咨询与管理机构下属的预算管理局制定有关预算的战略方针，作为各部门科技机构编制和分配预算的主要依据。

（3）各部门以国家战略规划为纲，分别制订各自的中长期跨部门科技计划和年度部门科技计划。

自下而上的过程是：美国的科技预算一般经历三个阶段，体现了自下而上的特点。

（1）行政部门预算请求准备阶段。程序如下：各部门研究机构提出自己对资金的需求→由行政管理和预算局有针对性地颁发该年度的预算方针→行政管理和预算局据此修改各项动用资金的请求→编制临时预算→行政管理和预算局把临时预算提交总统→总统对临时预算进行修改→总统将预算草案提交国会。

（2）立法部门对预算草案的审议阶段。其程序是：国会收到总统提出的预算后，由国会预算委员会进行详细论证→国会通过决议，提出自己采纳的目标预算方案，交众议院拨款委员会审议→众议院拨款委员会审议后提出建议→众议院就预算建议方案进行讨论，经表决通过成为拨款法案→由两院组成协商委员会，消除对预算方案的分歧→两院举行联席会议，经过辩论通过两院拨款法案→国会预算委员会对法案进行复审，对预算做出可能的修改后提交给总统。

（3）总统对预算的表决阶段。如果总统对国会的预算方案表示认可，便签署生效；如果总统对预算方案表示否决，必须经过与上述类同的审议程序，并要经过 2/3 的多数反对，该项否决才称通过。美国的科技预算一旦通过，将通过立法的形式实施。

从执行角度来看，研发一旦确定，按照计划的内容和性质的不同，相关管理机构会选择不同部门来执行，并采取不同的管理方式。

（一）基础类研究计划

美国科技计划体系中关系国家安全和长远发展的重大前瞻性、公益性基础类研究计划，政府作为投资主体以国家科技预算的形式注入资金。基础研究项目通常都是在国立研究机构及大学中进行的。研究项目由科学家提出，研究经费分配到负责项目的科学家所在的单位。政府对基础研究的管理：一是给予资金保证；二是提供实验设施，创造有利的工作环境。从事基础研究的科学家可以免费使用国家实验室。基础研究的研究领域、研究计划及经费使用方式均由研究项目负责人自行决定。这类计划一般采用专家管理模式。

（二）技术开发与推广类计划

关于应用开发项目，分为大型科技工程项目和商业性技术开发项目，对这两种项目的管理方式也不相同。美国的大型科技工程通常是与政府职能有关的国防、健康及公共事业方面的科技活动。一般由政府的研究中心提出具体活动计划，报请主管部门华盛顿总部、管理预算办公室等，并得到这些部门的认可和拨款委员会的审定批准，然后成立相应的委员会。同时负责对项目的管理系统设计、制造、可靠性等方面进行考察，并全程跟踪管理。这类计划多通过有关部门与企业签订合同来委托公司承担，或者由相关实验室和公司签订合作协议共同承担。在管理上一般采用部门与专家相结合的管理模式，或者管理部门、专家与产业界共同管理。

二、跨部门计划的管理

一般而言，政府不倾向于制订无所不包的综合性科技计划，而是将部门科技计划进行汇总。但在当前科技竞争日益激烈、前沿领域学科交叉的背景下，研究领域跨越部门界限，跨部门管理的情况会有所增加并且十分必要，政府也会考虑制订跨部门计划。

所谓的跨部门计划，就是有专门机构将各参与部门的相关预算进行汇总，并按照年度在参与部门的预算中得到体现，即各参与部门的预算综合构成了跨部门计划的预算。跨部门计划需要进行跨部门管理和协调时，由 NSTC 和 OSTP 的下属机构和办公室具体执行。这个机制在通常情况下是有效的，但由于美国体制的特点是多元分散和联邦部门权利较大，各部门具有预算自主权，NSTC 的下属协调机构没有权利对资源进行配置，因此也会出现协调失灵的情况。

三、近年美国主要的科技计划/政策

近年来，为走出经济增长停滞的阴影，奥巴马政府和特朗普政府在美国制造业回归和"美国优先"的指导思想下制订了多个制造业相关的科技计划/政策。

近年来美国科技计划/政策汇总，如表 2-1 所示。

表 2-1 近年来美国科技计划/政策汇总（部分）

科技计划	发布时间	发布机构	要点
美国创新战略（2011版）	2011年2月	美国国家经济委员会和科技政策办公室联合发布	发展无线网络、改革专利审批制度、发展清洁能源、实施教育改革
先进制造业伙伴关系计划	2011年6月	美国总统办公室	联合产业界、学界、联邦政府部门，通过共同投资新兴技术来提升美国制造业的全球竞争优势

续表

科技计划	发布时间	发布机构	要点
成立"选择美国"项目办公室	2011年6月	美国总统奥巴马签署行政命令，成立办公室	推动世界各地和美国本土企业扩大在美国的投资
材料基因组计划	2011年6月	美国能源部、国防部等发布	构建新材料的数据、代码和计算工具数据库，投资超过1亿美元
先进制造业国家战略计划	2012年2月	美国国家科技委员会发布	加速对先进制造的投资，特别是对中小型制造企业的投资；开发一个更加适应岗位技能要求的教育和培训系统；优化联邦政府对先进制造研发投入；增加公共和私营部门对先进制造研发投入；加强国家层面和区域层面所有涉及先进制造的机构的伙伴关系
国家制造创新网络计划	2012年3月	美国联邦政府发布	旨在建立起全美产业界和学术界间有效的制造业研发基础、解决美国制造业创新和产业化的相关问题的综合性项目
大数据的研究和发展行动计划	2012年3月	美国总统办公室发布	旨在大力提升美国从海量复杂的数据集合中获取知识和洞见的能力；加快科学和工程学领域探索发现的步伐，加强国家安全，转变现有的教学方式
振兴美国先进制造业（2.0版）	2014年1月	美国先进制造业联盟指导委员会发布	加快创新、保证人才输送管道及改善商业环境
美国学徒计划	2014年4月	美国联邦政府发布	培训包括高级制造业、信息技术和医疗等行业所需的高级技术人才

续表

科技计划	发布时间	发布机构	要点
先进制造业伙伴计划2.0	2014年10月	第二届先进制造业伙伴指导委员会发布	报告从100多个工业、学术及劳工集团的专家观点中提取了相关元素来确认更多的机遇，以增强美国的先进制造业
振兴美国制造业和创新法案	2014年11月	美国众议院修改通过该法案	明确了制造业创新中心重点关注纳米技术、先进陶瓷、光子及光学器件、复合材料、生物基和先进材料、混动技术、微电子器件工具开发等领域
美国国家创新战略（2015版）	2015年1月	美国国家经济委员会和科技政策办公室联合发布	政府投资创新基础，确定了优先突破基因组学、大型数据集分析、健康信息技术、大脑计划、清洁能源、空间技术、高性能计算、纳米技术、机器人等领域
联邦大数据研究与开发战略计划	2016年5月	美国联邦政府发布	对联邦机构的大数据相关项目和投资进行指导，促进联邦部门深化大数据分析利用
美国国家人工智能研究和发展战略规划	2016年10月	国家科学技术委员会（NSTC）发布	提出要促进经济发展，改善教育机会和生活质量，增强国家和国土安全
人工智能、自动化和经济	2016年12月	总统行政办公室发布	提出人工智能将变革现有经济体系，政策制定者应该加强措施应对人工智能对经济的影响
减税与促进就业法案	2017年1月	美国众议院通过该法案	推动制造业回流，促进美国经济复苏
网络和信息技术研究与发展计划	自1992年起，每年更新	—	近年主要支持高容量计算系统的发展、大数据管理与分析、机器人技术与智能系统、人机交互与信息管理、高可信软件与系统、大型网络等课题

续表

科技计划	发布时间	发布机构	要点
外国投资风险审查现代化法	尚未发布	—	如果这部所谓"外国投资风险审查现代化法案"通过的话,美国外国投资委员会对外资的监督审查程序将会加强

资料来源:公开资料,联盟整理。

(一) 国家制造创新网络计划

国家制造创新网络计划(简称 NNMI 计划)是 2012 年 3 月由美国联邦政府提出的一项旨在建立起全美产业界和学术界间有效的制造业研发基础、解决美国制造业创新和产业化的相关问题的综合性项目。2014 年的美国财政预算提议,给予该项目的联邦支持资金为 10 亿美元。其主要模式是,组建各领域的制造业创新研究所(Institutes for Manufacturing Innovation, IMI),从而建立起全国性的制造业领域的产学研联合网络。

制造业创新研究所的合作伙伴包括企业、大学、科技实验室、非营利组织、联邦政府、州及地方政府等。原则上,每个制造业创新研究所得到联邦政府资助 7000 万美元以上,非联邦政府及其他机构以大于 1∶1 的比率提供配套资金。在初期,以联邦政府资金投入为主,两三年后逐渐减少,研究所的私人部门资金增多;5~7 年创新研究所通过会员费、收费服务、合同研究、产品试制等方式获得收入,逐步实现自负盈亏。

创新研究所的产生是通过公开竞标方式进行的,其遴选过程由美国商务部、国防部、能源部、航空航天署、国家科学基金会等政府机构及制造企业、大学等代表组成的先进制造业计划办公室统筹管理。具体做法是,由跨部门技术专家组成的评审小组对拟议中的创新研究所进行竞争力评估,中标团队一般在年内公布。

每个制造业创新研究所成立一个独立的董事会,核心企业、高校等领导人担任董事会成员，董事长往往由关键企业领导人担任，负责研究所的运营。创新研究所是一个区域制造业创新中心，研发推广活动集中于某一种前沿技术或流程，注重技术优势与产业优势的无缝对接，建立一个产业集群，共享关键设备和基础设施，并进行职业培训和提高员工技能。

设立制造业创新研究所有助于高校、企业和各级政府形成合力，开发尖端技术，加速技术及产品创新，降低新技术商业化的成本和风险。截至2015年1月，奥巴马政府在敦促美国国会通过资助这一倡议的法案的同时，已经通过行政命令启动了五个制造业创新研究所。

（二）振兴美国制造业和创新法案2014

2014年11月，经由美国众议院修改通过了《振兴美国制造业和创新法案2014》，将对《国家标准与技术研究院（NIST）法案》进行修改，授权商务部部长在NIST框架下实施制造业创新网络计划，在全国范围内建立制造业创新中心。承接NNMI计划，自此美国先进制造业战略全面实施。

该法案明确了制造业创新中心重点关注纳米技术、先进陶瓷、光子及光学器件、复合材料、生物基和先进材料、混动技术、微电子器件工具开发等领域。如果已经建成的制造创新研究所等机构（如美国制造创新研究所等）愿意的话，仍被视为创新网络框架下的制造业创新中心，但不能获得本法案赋予的资助。2014—2024财年商务部和能源部资助金额分别不超过0.5亿美元和2.5亿美元。

法案还授权商务部部长设立国家制造业创新网络计划办公室，职责包括对计划的监管、开发和定期更新战略计划、向公众公开项目情况、作为网络的召集人。该办公室还需将现有的制造业扩展伙伴关系（MEP）计划纳入到制造业创新网络计划中，确保中小企业参与其中。

（三）美国国家创新战略（2015版）

2015年10月底，美国国家经济委员会和科技政策办公室联合发布了新版《美国国家创新战略》（以下简称"新版《战略》"）。美国创新战略首次发布于2009年，用于指导联邦管理局工作，确保美国持续引领全球创新经济、开发未来产业以及协助美国克服经济社会发展中遇到的各种困难。从2007年的《美国竞争法》，到2009年的"美国复兴与再投资计划"和《美国创新战略：推动可持续增长和高质量就业》，再到2011年的《美国创新战略：确保我们的经济增长与繁荣》，美国始终高度重视创新战略的设计。

新版《战略》沿袭了2011年提出的维持美国创新生态系统的政策，首次公布了维持创新生态系统的六个关键要素，包括基于联邦政府在投资建设创新基石、推动私营部门创新和武装国家创新者三个方面所扮演的重要角色而制订的三套战略计划，分别是创造高质量工作和持续的经济增长、催生国家重点领域的突破、为美国人民提供一个创新型政府。新版《战略》在此基础上强调了以下九大战略领域：先进制造、精密医疗、大脑计划、先进汽车、智慧城市、清洁能源和节能技术、教育技术、太空探索和计算机新领域。

美国政府第一次提出创新生态系统是在克林顿政府1994年发布的第一份有关科学政策的正式总统报告《科学与国家利益》中，报告中提到："今天的科学和技术事业更像一个生态系统，而不是一条生产线。"

创新生态系统概念受到发达国家的普遍重视并被采纳，包括出现在世界经济合作组织（OECD）和发达国家的各种文件和报告中。接下来，2009年《美国创新战略：推动可持续增长和高质量就业》突出了创新生态系统从基础到引领的三个层次："投资于美国的创新基石，促进刺激有效创业的竞争市场，加强国家优先事项的突破。"

新版《战略》即从公共基础、私营部门、创新群众和创新环境4个要素出发构建和维护国家创新生态系统，以达到提升国家创新力和竞争力的目标。

第三节　美国科技管理的特点

一、分散为主、集中为辅的管理机制

在早期，美国政府对于科技计划的管理几乎完全采取分散的管理模式，即政府几乎不参与科技计划的实施管理，但是随着经济、科技的发展，市场失灵的发生，政府逐渐采取对市场失灵的科技的研发采取政府支持的方式，构成了现在的分散为主、集中为辅的管理模式。所谓分散为主，指的是企业构成了研发的主体，竞争前技术和科技成果商业化基本上由企业完成，其计划的业务管理由专门的机构管理，政府只负责规划、改善制度、给予税收、金融等政策上的支持，并起监督和调控的作用。例如，小企业创新计划的管理、调节由专门成立的小企业管理局负责。所谓集中为辅，体现在政府对于基础技术、共性技术的研究上，对这类研究，国家科学技术委员会、国家科技标准局、各部门的科技机构负责协调、制定、实施。这种集中、分散相结合的管理模式，有利于集成计划所需的各种要素，提高科技资源使用效率，能较好地保证公正，并避免行政的过分干预。

二、拥有成熟的立项管理与绩效评估机制

计划的决策、咨询、管理、评价相互衔接、相互作用、相互制约，保证了计划的决策、实施、管理的公开、公平、公正。

首先，美国的科技预算从预算提出到最后决定，一般要经历三个阶段。包括行政部门预算请求准备阶段（表现为根据总统制定的科技政策和科技计划预算总纲，国家科学技术委员会以总纲为依据，通过其下属的研发协调委员会，广泛听取各部门、科技界、高校和企业界各方意见，形成年度科技计划预算建议报告）、立法部门对预算草案的审议阶

段以及总统对预算的表决阶段。

其次，预算形成后，各部门根据科技政策及预算制订其科技计划，NSTC负责计划项目的各部门协调，各政府部门委托下属科研机构进行计划项目的管理，专职机构负责计划项目的审计和评价。

最后，科技计划的决策、实施管理、评价根据计划项目的性质、领域、功能、特点的不同，采取不同的管理模式。对于基础研究计划和基础性的应用研究计划，一般采取专家管理模式；对于涉及经济发展的技术开发计划，多采用部门与专家相结合或部门、专家与产业界相结合的管理模式。例如，美国的"人类基因研究计划"属基础研究开发计划，采用的是专家管理模式；由美国国家标准技术局制订的ATP计划的管理是美国商业计划的典型管理模式。

其资金管理采取对项目承担单位提供引导资金的方式；其项目管理采用公平招标、专家评审、签订合同、滚动发展的方式；产权管理则是由ATP资助的项目所获的知识产权归美国企业所有；其计划的评估主要由经济评估办公室（EAO）通过对项目的实时评价来监控参与者的研究和商业化计划，主要的工具项目是管理小组和商务报告系统。

美国十分重视科技计划的评估，不同类型的科技计划有不同的计划评估方式。1993年以后的基础研究的计划评估实施GPRA（克林顿时期制定的《政府绩效与结果法案》）评估方式。美国基础研究评估的特点：第一，注重"为什么评"和"评什么"；第二，政府绩效评估的重点在于基础研究的资助和管理工作；第三，强调对科学研究的整体绩效；第四，绩效评估作为目标管理的一部分，与制定战略规划和战略实施规划组成有机的整体。应用研究（以美国先进技术计划ATP为代表）的计划评估贯穿整个计划的实施过程，不仅包括理论研究的评估，而且包括商品化的评估。计划由专门的计划评估机构进行，采用了第三方调查和电子化的商务报告系统进行跟踪评价，结合同行评议、案例分析、统计分析、各种模型等方法，对研发的溢出路径、研究合作、融资问题、项目和计划影响等领域进行分析评估。应用研究主要采用同行评议方法确定资助项目；一旦项目被资助开始实施，将对项目采取实时评价来监控参与者的研究和商业化计划，其主要工具是项目管理小组和商务报告系统。包括实地调查和年度评审。商务报告系统是 ATP 计划设计的一套对 ATP 计划项目进行管理、跟踪和评估的信息系统。该系统通过电子化表格搜集信息，通过统计分析，使评估者能对 ATP 项目进行实证分析。

三、科技管理中注重培育有利于创新的市场环境

美国坚持通过市场调节解决资源配置。根据市场法则，应用研究有明确的目标和市场价值判断，应由企业根据任务导向自行决定投入，并从中获利。一般情况下，政府不会投入资金。

从美国独立后至今，商业本性在美国科技创新文化和体制中未曾间断。在美国，商业上的成功凌驾于其余一切价值，这从卡尔文·柯立芝总统的著名陈述"美国的事情就是经商"中可见一斑。在美国，商业环境对决定科技创新成功起关键的作用，包含三个宽泛的因素：市场与公司的结构及行为，商业融资体系，相关的影响商业如何运作的社会和文化因素。更宽泛的因素还包括：公众对破坏性创新的接受与拥护，平推崇跨组织间合作与协作的文化，对尝试初创事业而失败的宽容，等等。但这并非表示政策无足轻重。自共和国成立以来，美国联邦政府便将健全的专利体系根植于宪法之中。1976 年后，联邦政府更是制定了一系列重要的科技创新政策，包括《魏德乐法案》《拜杜法案》《国家技术转移法案》和《综合贸易竞争法案》；实施了众多计划以推动科技创新发展，包括小企业创新研究资助计划（SBIR）、小企业技术转移资助计划（STTR）、国家科技信息扩展服务（NTIS）、小型商业投资公司转型（SBIC）、制造业伙伴扩张（MEP）以及合作与研究发展契约（CRADAs）等；落实了研发税收减免政策并降低了资本收益与公司税率，创立了里奇品质奖和国家技术奖章；创建了一系列新的合资研究企

业，包括 SEMA 科技（SEMATECH）、美国国家科学基金会（NSF）科学与技术中心、工程研究中心以及国家标准技术研究所（NIST）先进技术计划等。

企业一直是美国技术创新的主体，既是研发活动的最大投入者，也是最重要的创新活动承担者和成果占有者。

美国工业企业通过建立自己的工业研究实验室从事研发活动早在19世纪末期就开始了。这些早期实验室不仅集中开发企业内部研究所创造的发明，而且监控导致技术威胁的环境以及获得新技术的机会，并通过从公司外部购买专利或兼并其他企业来消除威胁并获得技术机会。

工业研究的增加直接导致了科技发明的社会分布格局发生变化。越来越多的重要发明不再是出自独立发明人之手，而是由企业研发机构来完成。由于科技发明活动的这种内部化趋势，由科技成果到企业认同这一个人体制下高交易成本的环节很大程度上被取代了。科研开发活动从而更有针对性和计划性，科技成果的转化速度和转化率日益提高。

美国企业竞争力的核心是科技创新。美国很多企业和大学能够名扬世界，缘于它们具有很强的运用知识产权的能力。同时，美国国家创新战略和知识产权战略也是以企业和高校为主体加以推进的。美国高科技企业的竞争力来自以市场需求为导向的创新。面对激烈的市场竞争，企业始终以市场为导向、以客户为中心，坚持客户至上，满足客户需要，不断推出新技术、新产品、新服务、新理念。他们重视市场调研，认真对待客户意见，把创新的重点放在改进、完善、更新、升级现有产品、服务和客户体验上，以满足市场和客户当前和近几年内的需要。同时，为赢得长远竞争优势，还重视对产品、服务和客户体验未来发展趋势的研究和创新。美国高科技企业用于创新的投入巨大。美国企业为获取高额回报，持续为创新投入巨资。

2016年主要科技企业在研发投入上超过百亿美元的企业的研发、营收和研发占营收百分比的情况，如表2-2所示。

表2-2 2016年主要科技企业研发投入情况

公司名称	2016财年营收（亿美元）	2016年研发费用（亿美元）	研发占比（%）
苹果	2170	100	4.60
三星	1810	140	7.73
谷歌	883	120	13.59
微软	853.2	119	13.95
IBM	799.19	50	6.26
华为	751	110	14.65
英特尔	594	121	20.37

数据来源：公开资料，联盟整理。

其中研发投入超过百亿美元，按研发投入计算的企业排名是三星140亿美元、英特尔121亿美元、谷歌120亿美元、微软119亿美元、华为110亿美元、苹果100亿美元，按营收计算的企业排名是苹果2170亿美元、三星1810亿美元、谷歌883亿美元、微软853.2亿美元、华为751亿美元、英特尔594亿美元，按研发投入占营收百分比计算的企业排名是英特尔20.37%、华为14.65%、微软13.95%、谷歌13.59%、三星7.73%、苹果4.6%。

四、重点保证基础研究投入，强调科技创新战略性投资

2011年以来，美国财政预算大幅削减、持续吃紧，多项投入只能"量入为出"，但联邦政府仍然竭力保持科技创新投入基本稳定。2016年美国联邦政府预算案中，联邦政府研究与开发预算为1452亿美元，同比增长6.4%（未考虑1.6%的通货膨胀指数），占2016年年度总预算的3.5%。其中，基础和应用研究投资总计达到666亿美元，同比增长3%；研发基础设施投资28亿美元，同比增长15.6%（3.73亿美元）；试验发展投资达到742亿美元，较2014年增长9.2%（62亿美元）。

2016财年预算强调前沿研发工作对于美国创新和经济竞争力的重

要性,持续加大国家能源部科学办公室、国家科学基金会、商务部国家标准技术研究院"三大关键基础研究机构"的研发预算投入,2016财年三大机构预算总和达138亿美元,较2015年公布的预算方案增加7亿美元。预算优先布局开创性的研究和科学工程领域,包括先进制造、清洁能源、气候科学、信息技术和生命科学等。

2017年3月公布的2018财年政府预算案中,特朗普政府计划重点增加国防相关预算,对主要联邦科研机构的经费进行了较大幅度的削减,但5月国会通过的2017财年联邦研发预算案中,大部分科研机构的研发预算不变,部分机构的研发预算甚至出现大幅增加的情况。

2018年联邦政府主要部门的预算情况,如表2-3所示。

表2-3 2018年联邦政府主要部门的预算情况（单位：十亿美元）

政府部门	2017年预算	2018年预算（草案）	增减比例（%）
农业部	22.6	17.9	-20.8
商业部	9.2	7.8	-15.2
国防部	521.7	574	10.0
教育部	68.2	59	-13.5
能源部	29.7	28	-5.7
卫生与公共服务部	77.7	6501	8266.8
国土安全部	41.3	44.1	6.8
住房与城市发展部	46.9	40.7	-13.2
内政部	13.2	11.6	-12.1
司法部	28.8	27.7	-3.8
劳工部	12.2	9.6	-21.3
国务院及国际开发总署	38.0	27.1	-28.7
交通部	18.6	16.2	-12.9
财政部	11.7	11.2	-4.3
退伍军人事务部	74.5	78.9	5.9

续表

政府部门	2017 年预算	2018 年预算（草案）	增减比例（%）
环境保护署	8.2	5.7	-30.5
国家航天航空局	19.2	19.1	-0.5

资料来源：AMERICAFIRST：ABUDGETBLUEPRINTTOMAKEAMERICAGREATAGAIN。

特朗普上台之后，特朗普政府公布2018年联邦科技资助蓝图，这份长达4页的备忘录提出，联邦科研经费将偏重于能加强国防和边境安全、经济、能源优势和提高公共健康等领域。该备忘录由白宫行政管理和预算办公室（OMB）以及科技政策办公室（OSTP）共同撰写。这份蓝图列出的5个优先领域是：军事技术、国土安全、经济繁荣（相关的科技）、能源优势、人民健康。白宫公布的备忘录称，实现相关目标不需要额外支出，而且这些机构将聚焦基础研究，并尽快帮助实现产业化，以获得经济效益。

五、强化科技计划的成果转化，避免科技成果与市场脱节

美国政府十分重视科技成果转化。"二战"结束以来，美国在科学技术方面一直处在世界领先地位。科学技术的发展，极大促进了经济和社会的发展。美国在科技成果向生产力转化方面有自己的独到之处，他们的政策和做法与其政治、经济体制和社会结构是相适应的。

政府推进科技成果转化：制定法规和鼓励政策；制订和实施各种促进科技与经济结合的计划；共建产学研合作机构；建立为成果转化的服务机构和良好环境；提供拨款支持；实行税收减免；提供低息贷款；提供资料、信息，对科研和开发进行导向。其中，建立科技孵化器是美国政府对科技成果转化采取的主要方式。

联邦政府不同领域部门采取不同的方式实施技术转让和商业化。典型的是美国国家航空航天局（NASA）。NASA通过多种机制来实施其技术转让和商业化计划，促使航空航天技术向工业部门转移。主管实施该计划的主要部门是 NASA 空间探索和技术办公室的商业开发和技术转让处，该处负责协调 NASA 分散在美国各地的技术转让机构的活动。NASA 实施商业化的重要措施是成立技术转让和商业化办公室，建立地区技术转让中心，构建技术转让和商业化网，另外通过多种途径宣传 NASA 的技术成果。

第四节　典型科技计划管理举例
——ARPA‐E 的计划管理[①]

美国能源科技计划的组织实施包括决策、咨询、管理、执行四个层次。按三权分立与相互制衡原则，科技战略决策分散在立法、行政和司法系统。在行政系统中总统具有最高决策权，在白宫科技政策办公室、国家科学技术委员会、管理和预算办公室等内阁机构辅助下进行包括能源在内的重大科技计划决策和相关预算编制。国会通过立法推动包括能源领域在内的科技活动的制定和实施，政府所有重要的科技计划和预算须经国会两院审议通过，形成法案经总统签署后才能生效，形成了有法可依、依法办事的制度，不因政府换届而转移。司法部门则拥有对各项法律的解释权，不受行政和立法系统干预。

第三方咨询和评议机构是美国能源科技计划组织实施结构中的重要组成部分，许多重要的科技决策都起源于第三方智库的建议。如总统科技顾问委员会（PCAST）主要包括总统直接任命的来自非政府机构的知名科学家与企业界人士，从非官方角度对包括能源领域在内的政府科技计划进行评述并提供反馈意见，同时还积极提出事关国家发展的科技问题建议。PCAST 在 2010 年提出开展跨部门的 4 年期能源评估工作的建议已被奥巴马政府采纳。此外，通常受国会委托，美国国会下属的研究

---

① https://www.arpa‐e.energy.gov。

服务局和政府审计署（GAO）等第三方咨询评价机构发挥着重要作用，对能源科技计划实施、学科领域发展和科研项目开展独立的评估工作。美国国家科学院系统的身份虽是官方立法成立的民间组织，但其也是政府和国会的重要科技智库，通常受政府和国会委托提供科学决策咨询，如先进能源研究计划署（ARPA-E）即是在国家科学院的建议下成立的。

ARPA-E 的成立充分体现了美国能源科技计划组织实施体系的特点。2005 年，美国国会委托国家科学院分析"美国在保持关键技术领域领先地位上所面临的最迫切挑战"。美国国家科学院在由此提交的《在风暴之上崛起：开创美国经济的光明未来》报告中表达了对于美国经济和技术竞争力现状的担忧。出于对颠覆性创新、具变革意义和潜在巨大应用价值的高风险能源研究的激励以及开发清洁、低廉与可靠能源的强烈需求，该报告建议布什政府仿效国防部先进研究计划署（DARPA）的成功模式在能源部（DOE）设立 ARPA-E，借此推动革命性能源技术的开发。2007 年美国国会通过、布什总统签署生效的《美国竞争力法案》即授权 DOE 创建 ARPA-E，以立法形式明确了机构使命、职责、人员权责利，使其有法可依，避免了政府换届产生的不确定性。2009 年《美国经济复苏与再投资法案》专门为 ARPA-E 拨款 4 亿美元正式开展工作。截至 2014 年 9 月，ARPA-E 已为 19 项主题领域研究计划和 2 轮开放式申请下的 375 个项目资助了超过 10 亿美元。

参考文献

[1] 闫绪娴，侯光明. 美国科技计划管理及其特点 [J]. 科学学研究，2004.

[2] 彭健. 美国联邦政府预算管理模式及启示 [J]. 山东财政学院学报，2002.

[3] 石金明. 美国预算制度及其启示 [J]. 事业财会，1998.

［4］朱斌．美国科学与技术［M］．北京：专利文献出版社，1999．

［5］刘亭．国家科技攻关计划研究［D］．武汉：华中科技大学，2006．

［6］乐慧兰，赵兰香．科技计划的评估方法和实践——以ATP计划的评估为例［J］．科学学与科学技术管理，2002．

［7］丁明磊，陈宝明．美国联邦政府2016财年研发预算浅析［J］．全球科技经济瞭望，2015，（3）．

［8］韩笑．国内外科技投入机制对比研究［J］．技术经济与管理研究，2013，（7）．

［9］周柏春，孔凡瑜，王振艳．美国科学技术政策发展的历程经验与借鉴［J］．理论月刊，2010，（10）．

［10］程如烟，徐峰，盖红波，等．美英法德日韩六国财政科技经费管理模式［J］．中国科技论坛，2011，（8）．

［11］韩燕萍．我国科技决策咨询发展现状及完善——基于美、英、日三国经验启示［J］．商，2016，（29）．

第三章
英国的科技战略及其管理机制

第一节　英国的科技管理体制[①]

在很多人的印象中，英国在国际事务中一直采取跟随美国的策略，认为英国是属于"没落的贵族"。事实上，英国拥有深厚的工业基础和科技底蕴，拥有剑桥大学、牛津大学、伦敦大学学院、帝国理工学院等全世界顶尖的大学，并培养出了像 ARM、劳斯莱斯和 DeepMind 这样响当当的企业以及一大批独角兽企业。

从整体来看，英国的科技管理体制较为分散。20 世纪 70 年代前，英国没有统一的科学技术管理机构。20 世纪 70 年代初，英国政府新成立中央政策智囊团，负责人罗斯柴尔德提出《政府应用研究条例》，并成为具有权威性的规定，对后来的英国科技管理体制产生了较大影响。

从 20 世纪 90 年代起，英国政府开始采取一系列的措施强化对科研工作的领导。如 1992 年成立了科学技术办公室[②]（Officeof Science and Technology，OST），取代了原研究理事会的顾问委员会，直接受政府首席顾问领导，隶属于内阁，具体负责科技政策与管理事务，分配基础科学经费，协调政府科技工作，逐渐掌管全国科技发展，是英国科学技术发展的主要政府管理部门。1995 年由于考虑保持科技对经济增长的长期贡献以及促使政府的科技政策与产业政策相统一，OST 由内阁事务移交到贸易与工业部（DTI）。科学技术办公室主要负责制定政府科学、

[①] 参考：https：//www.gov.uk/government/policies/investing – in – research – development – and – innovation. https：//www.gov.uk/government/organisations/council – for – science – and – technology. https：//www.gov.uk/government/organisations#department – for – business – innovation – skills。

[②] 1992 年，政府成立了科学技术办公室（OST）；1995 年 7 月，英国政府为促进科技与工业的结合，将 OST 由政府内阁办公室并入 DTI 管理。2007 年、2008 年和 2009 年，政府机构多次调整，OST 现归属于商业、创新与技能部（BIS），现今成为英国政府科学办公室（GO – Science，GOS）。

工程和技术的政策，负责七个研究理事会、皇家学会、皇家工程院等部门的宏观管理和经费拨款，协调跨部门的整体科技合作。

在英国的科技管理中，一般由政府科学办公室（GOS）采用前瞻项目与战略扫描项目组①对世界科技发展趋势以及本国社会经济发展状况的相关调研，对未来科学技术战略进行远期的战略预见与建议分析。

GOS 和商业、创新与技能部（BIS）听取英国包括英国四大科学院、研究理事会、资助委员会、企业等不同机构的学者、科学家以及企业界人士的建议，确定对未来发展有重要影响的关键科技领域，提出科技规划咨询报告，提交给公众和科学界进行公开咨询。

政府的首席科学顾问以及政府各部门的科学顾问们根据公开咨询的结果，各部门参与进行科技战略规划的顶层设计，确立优先发展的领域与战略。提交内阁审议通过后，一般由首相办公室和 BIS 对公众公开发布。

英国的科技组织结构，如图 3-1 所示。

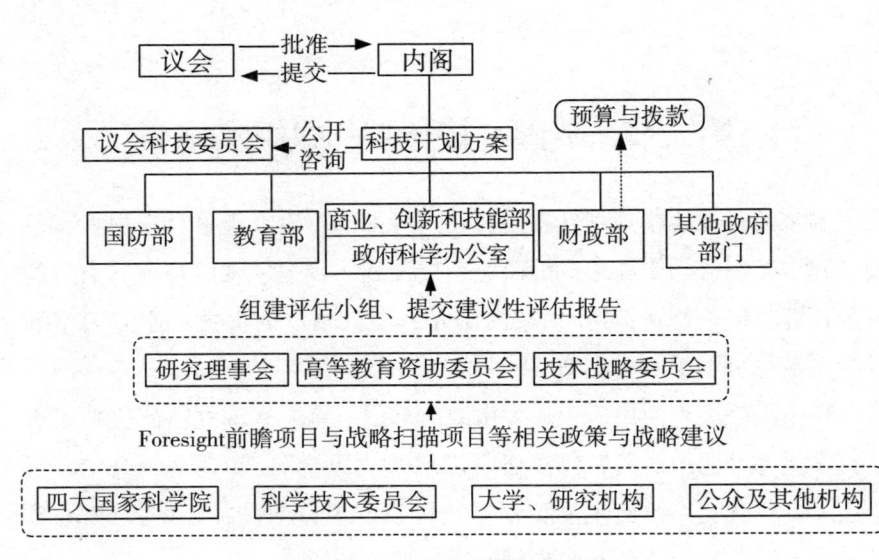

图 3-1 英国的科技组织结构

---

① Foresight 致力于高科技支持的尖端领域，战略扫描项目组通常考虑新型事物，视野更加广阔，从多个角度来认定未来有持久影响力或可能取得较大突破的领域。

英国在制定科技规划时相当重视听取专业意见，通常会组织一系列科研机构进行反复讨论，议会也会由议会科技委员会组织专家组，对任何与议会审议有关的科技议题进行分析与咨询。因此，英国事实上形成了三层科技管理体系：议会科技管理、内阁科技管理和政府各部门的科技管理。其中议会、内阁级科技管理机构对科技的管理体现在重大方针政策的制定；政府各部门级科技管理机构各司其职，进行专门化科技管理。

研究理事会和高等教育基金理事会是英国政府支持基础研究的两个主要经费资助和管理机构。高等教育基金理事会的任务是支持大学科研机构的基础设施建设；研究理事会则以研究项目或研究计划的形式支持大学和研究机构的研究，其经费投入有明确的任务和计划。在英国，这种政府的技术投入支持系统被称为"双重支撑体系"，是英国国家创新机制的重要组成部分。

第二节　英国科技计划的组织实施

国家的科技战略规划发布后，政府各部门、研究理事会根据各自的任务和需要制订和实施相应的研究发展计划、优先领域以及今后大致的投资预算，但一些跨部门/领域的研究发展计划，则仍由科学办公室和科学创新组负责组织和实施。

科技战略规划制定后，通常由政府部门、企业和国立科研机构、大学科学园等共同组成落实科技战略规划的"组合"。在这个组合中，每个主体各负其责。政府主要负责制定科技发展方向，并根据各部门/领域相应的科技发展计划和实施细则决定拨款和资助。

政府科学办公室和科学创新组领导的七个研究理事会是落实国家科技战略规划的具体拨款单位，负责"政策引导、资金鼓励、推动创新、建立基地"等。同时，通过各种投资的优惠政策，如税收优惠等政策措施，吸引财力雄厚的企业也将大量资金投入到科技发展中来。在这个组合中，国立科研机构、大学科学园等承担了英国政府科技战略规划中大批的具体研究项目。在科技战略规划的实施过程中，英国政府组织建立一个全面、综合、高效的科研绩效管理体系，用以实时进行监督和评估。其制定了可测度的战略目标和一套指标体系，用以在实施过程中监测其进展，并进行定性与定量相结合的评价，最终形成评估报告，并进行反馈和决策。英国政府在《英国科学与创新投资框架（2004—2014）》中确立了一个总目标，在其之下设立了 6 个二级目标、29 个三级目标及 40 项可供测度、检验进展的指标，在每个指标中，又从目标、信息数据来源和进展三个方面进行规定和评价。英国政府按照上述的目标与指标，每两年组织一次对科学与创新进展的系统评估，公布评估结果，并及时修正战略、政策和计划。

英国的科技投入总量不高，2012 年占 GDP 的 1.7%，这个数字低于美国的 2.8%，经济合作与发展组织成员国的 2.4%，欧盟国家的 2%，也低于中国的 1.8%。因而，对英国来说，选对方向成为科研投入的重点。

一、英国科技创新的基本原则

在"卓尔不群、反应灵敏、团结协作、选对地方和开放融通"这五项原则指导下，英国政府选择科学与创新的具体增长点，对其进行扶持和投入。其中，"卓尔不群"即保持世界领先性；"反应灵敏"即把握最新的科技发展动态；"团结协作"的原则对应科技成果转化，交叉学科发展，商务、科技管理部门整合重组；"选对地方"指发挥技术资源集中的地缘优势；"开放融通"指加强国际交流合作。从吉尔伯特、哈维、波义耳和牛顿开始，英国科学家始终引领着世界科学的前沿。英国的诺贝尔奖得主人数居世界第二，在原子内部结构、宇宙起源、基因组研究、进化关系、命名学、信息技术等基础领域保持着绝对的优势地位。2012 年，英国政府选定八个优先发展的领域，分别是：大数据与高能效计算、卫星与空间商用、机器人和自动系统、合成生物学、再生医学、农业科学、先进材料和纳米技术、能源及其储备。2014年又将石磨烯和量子技术作为发展重点。与此同时，英国着力建设一批世界级的研究机构。

二、近年来英国的科技计划/政策汇总

相对科技投入而言，英国的科技产出较高。其人口不足世界人口的1%，科研投入只占世界总量的3%，但是英国科学家发表的论文数量却占全世界科学家发表论文总数的6%，高引用率文章占全世界的16%。

近年来英国的科技计划/政策汇总，如表3-1所示。

表3-1 近年来英国的科技计划/政策汇总

科技计划	发布时间	发布机构	要点
弹射中心	2010年	英国政府投资，英国技术战略委员会负责建立	旨在通过科学家、工程师与市场机遇之间的系统，促进研发和科技成果产业化，加快打造科技与经济紧密结合的创新体系。侧重在新兴技术领域，尤其是英国在世界领先的技术领域，包括高端制造、细胞疗法、近海可再生能源、数字经济等领域的技术创新
绿色经济转型计划	2011年8月	英国政府	到2020年可再生能源在能源供应中要占15%的份额，其中40%的电力来自绿色能源领域。以政府投资为主导，大力促进商用技术的研发推广
2012新能源法案	2012年11月	英国政府	支持低碳式发电，计划到2020年将总发电规模提高两倍。对国内的电力市场进行彻底的改革。根据该法案，政府支持包括可再生能源、新核能源、燃气及碳捕捉和封存技术的多元化能源架构建设，以防止经济发展出现能源短缺瓶颈

续表

科技计划	发布时间	发布机构	要点
英国制造2050	2013年10月	科学办公室在"前瞻系列报告"里提出	旨在在通信、传感器、发光材料、生物技术、绿色技术、大数据、物联网、机器人、增材制造、移动网络等多个技术领域开展布局
国家基础设施规划（新版）	2010年起，每年更新	英国政府	2015年3月更新的国家基础设施规划提出了新的国家基础设施规划愿景，政府承诺继续加大基础设施投资。新计划涉及4600亿英镑公共和私人投资计划，支持低碳经济的科技基础设施建设
资助能源创新计划	2017年3月	英国商业、能源和产业战略部	投入2800万英镑资助新一轮的能源创新项目，涉及智慧能源系统、工业能效和海上风能领域
工业战略：建设适应未来的英国	2017年11月	英国商业、能源和产业战略部（BEIS）	规划聚焦五个基础：理念、民众、基础设施、营商环境和地区发展。报告阐明了建设适应未来的英国的路径——通过投资技能、工业和基础设施，帮助企业创造更优质、更高报酬的工作

资料来源：公开资料，联盟整理。

第三节 英国科技管理的特点

一、注重保持科技规划的一致性

从20世纪90年代以来，英国的科技计划一直由政府制定，英国政府在制订国家计划的过程中十分注重遵循科学与创新的基本发展规律，将国家长远发展与近期需求相结合，并且愈加重视技术预见活动。当前，英国的技术预见活动已经成为英国政府制订国家战略规划、国家科技发展计划的依据，分配科技预算的参考。科学界、政府、企业在政策制定过程中进行有效沟通。

在政策制定过程中，吸取各方意见。各部门、各科研机构等的科技管理部门相配合，确保了规划制定和组织实施从上至下的一致性。英国政府把国家科学发展的总体战略优先领域转化成研究理事会及其他执行机构的具体目标，同时还根据新优先领域的战略观点，相应调整科学预算的投资平衡。

二、多元化投资主体，确保了英国的科研投入的持续性

英国在科技上所具有的世界领先地位与其长期以来对科技研发工作的持续性投入密不可分。英国的研发投入目前主要有四个主体的投入，分别是企业投入、政府科技研发资金投入、海外研发资金投入以及各类慈善机构和信托基金等私立非营利性机构的捐赠。政府通过直接拨款、政府担保和税收优惠政策支持风险投资基金建立。金融危机之后，英国的研发投入比重较低，但是英国政府已经承诺将持续加大关键领域研发预算。

2017年11月，英国政府发布一项声明：政府将与产业界合作加强研发能力，目标是到2027年让研发支出提升至国内生产总值的2.4%。英国首相特雷莎·梅在声明中说，英国的产业发展战略将助推英国在未来的产业发展中站上领头羊的位置，确保英国抓住从人工智能、大数据到清洁能源、自动驾驶这些产业的发展机会。

2017年年初，英国政府发布的《技术与创新的未来2017》报告中指出新材料、卫星、能源存储、机器人、大数据等八大新技术是未来英国政府技术研发投资重点。

从执行上来看，这些投入主要用于企业研发、大学和公共研究机构的研发活动。英国政府十分重视采用政府采购的方式支持企业的创新发展。2008年，英国政府发布的《创新国家》白皮书中明确指出，政府各部门制订"创新采购计划"，政府通过采购企业的创新产品和服务来推动创新，在这个方式中政府担任了领导市场的角色。

三、重视对科技评估的公平公正

英国政府通常采取设立可测度的战略目标和实时监督、评估的指标体系来对科技规划的实施进展进行检测、评价，及时反馈修正战略、政策或计划。例如，为确保《英国科学与创新投资框架（2004－2014）》（以下简称《框架》）各项目标顺利实施，该《框架》确立了36个可测度的三级科学与创新战略目标，制定了包含40项可供测度、检验进展的指标体系，进行了定性与定量相结合的评价方法。

英国政府每两年组织一次对科学与创新进展的系统评估，公布评估结果，并及时修正战略、政策和计划。有时政府会委托非利益攸关专家对当前的科技规划、政策措施执行情况进行评估。在这个过程中，评估主体并不参与规划的具体实施，也不涉及自身的利益，其可以站在更为超脱、更为中立的立场上进行评价和提出建议。英国政府在评价大型科技计划特别是跨部门的科技计划时，一般聘请外部独立的专业评估单位进行评估。例如，2007年10月5日，前科学部长Sainsbury勋爵提交了对英国政府科学与创新战略全面评估的报告《高端逐鹿》（TheRace to The Top）。报告从国际和国内的角度对英国现行的科技政策做了全面的评估，并提出了改进建议。报告发布两天后，英国政府即做出回应。布朗首相表示，政府将实施该评估报告中所有的好建议。

对高等教育研究机构进行科研评价是英国科研评价体系中最重要、最具特色的组成部分，2014年以前，英国主要评价体系为Research Assessment Exercise（简称RAE，科研评估活动），从2006年开始，英国尝试对其科研评价体系进行改革。经过近10年的酝酿，2014年英国首次采用REF对全国154所大学2008—2013年的科研状况进行了评价。REF评价主专家组由RAE下的15个缩减为4个。36个学科分类归入4个主专家组：A组为生命和医学类学科，B组为理工工程类学科，C组为社科管理类学科，D组为人文艺术类学科。这种分组方式既充分考虑了学科的差异性，又尽量保证了各评价单元间评价标准的统一性，以充分体现跨学科研究人员的价值。英国的科研评估体系对我国当前的高等教育研究机构有一定的借鉴意义。

第四节　典型科技计划管理举例
——"数字经济"主题管理计划

2017年3月1日，英国政府重磅发布《英国数字战略》，对将来在脱欧后英国打造世界领先的数字经济和全面推进数字转型做出了全面而周密的部署。其实在2017年2月发布的旨在打造世界一流的工业王国的《工业战略》绿皮书中，英国政府就对数字经济寄予厚望，《英国数字战略》紧随其后发布，希望到2025年将数字经济对英国经济的贡献值从2015年的1180亿英镑提高到2000亿英镑，表明英国对数字经济所怀抱的雄心壮志。

具体而言，英国的数字战略可以被解构为七大子战略（见图3-2），每个战略之下包含一揽子举措和推进方案，如数字转型战略（Digital Transformation）旨在帮助每一个英国企业实现数字转型，数字化带来的好处并不仅仅局限在数字经济领域，数字转型能够让国民经济各部门的企业都实现生产效率的提升。网络空间战略（Cyber Space）旨在提升英国应对网络安全的能力。

图3-2　英国数字战略

一、连接战略（Connectivity）

打造世界级的数字基础设施。致力于打造世界级的数字基础设施，将宽带接入变成一项公民权利，加快推进网络全覆盖和全光纤、5G 建设。连接战略旨在为所有的英国人提供更好的网络链接，包括为个人、企业、公共服务机构以一个普通家庭可以负担的价格接入高速互联网宽带的权利，并且英国政府将拿出 7.4 亿英镑来支持实现超高速网络（delivering ultra-fast speeds）、全光纤、5G 等下一代通信技术建设。

连接战略的一部分费用将被用于监管体制的建设，英国广告标准局（Advertising Standards Authority）等监管者和产业界将会联手严防宽带连接业务推广中的虚假广告，确保消费者所感受到的连接速度与服务提供商宣称的服务相一致。

二、数字技能与包容性战略（Digital Skills and Inclusion）

为每个人提供所需的数字技能，不断提高数字素养。有预测显示，20 年内，90% 以上的工作或多或少都需要一些数字技能，所以为了确保英国工人能够应对这场科技巨变，高效地为他们提供数字技能就十分必要。这一计划中，英国政府将探索新的方式来培养英国人的数字能力和素养，包括对英国政府的数字排斥问题的研究、扩大图书馆的数字包容性、提升英国国家医疗服务体系（NHS）的数字包容性以及将产业界和公益部门的资深领导者与英国政府汇聚一堂，能够提升合作与主动性，帮助更多的英国民众接触互联网，充分利用互联网。

为培养数字技能人才，2014 年，英国成为世界上第一个将编程作为中小学必修课程的国家。为了支持老师们能够为学生提供好的编程教学指导，英国政府设立了专项基金，支持教师进修计算机编程课程。还启动英国的国民服务计划（National Citizen Service），继续帮助年轻人为工作做好准备。国民服务计划帮助 16~17 岁的年轻人为以后的工作积累技能，英国政府将会继续扩大该计划的覆盖范围，与 RaspberryPi 基金会合作，共同促进英国年轻人的数字技能提高。推行终身学习和实施免费的数字技能培训。

英国政府还希望通过新的数字技能合作伙伴关系（Digital Skills

Partnership）将各大公司、地方政府、地方企业以及公益慈善组织等囊括进来，在提供数字技能培训的项目中，保持一致性与协调性，使得英国人能够选择适合自己的数字技能培训项目。通过与地方政府和企业合作，确定数字技能相关岗位的空缺，帮助英国人找到与数字技能相关的工作。

通过以上措施，英国政府将会进行周期性评估，确保目的的达成以及准确考虑到英国不同人群的数字技能欠缺的差异性，以保证实现数字包容性，即每个英国人都能掌握必要的数字技能。

三、数字经济战略（Digital Economy）

2015 年，数字经济对英国经济的贡献量是 1180 亿英镑，英国的目标是，到 2025 年，数字经济对英国经济的贡献量将达到 2000 亿英镑。为了实现此目标，英国需要为数字经济的继续繁荣创造良好的条件，确保英国民众共享数字经济发展带来的成果。尽管这会由私有经济来主导，但是英国政府在支持创新和创意商业化、帮助数字企业成长方面能够发挥巨大作用。

（一）支持创新

在 2017 年 2 月发布的《工业化战略（Industrial Strategy）》绿皮书中，英国政府的目标是创造良好条件让竞争力强的、世界一流的企业在英国繁荣发展。为了繁荣数字经济产业，英国将会采取以下措施：

（1）有效的税收结构。英国建立了极具创新和企业友好度的税收系统，政府通过一系列税法政策鼓励企业创新，如专利盒（Patent Box）规则，即通过专利产生的收益可以少缴纳 10% 的企业所得税。英国还通过种子企业投资机会（Seed Enterprise Investment Scheme）和企业投资机会（Enterprise Investment Scheme）削减投资于小型和成长中企业的投资人所缴纳的赋税，促进小企业和成长中企业的融资。目前，英国正在评估当前研究与开发（R&D）的税收环境，考虑是否有可能通过税收政策促进投资和创新。

（2）强有力的技能工人供给。数字企业的发展需要拥有相关技能的雇员，这需要在英国国内加强相关技能的培训。同时，英国政府也明确表态，希望吸引世界各国的数字科技人才来英国就业。英国将会继续通过技术国家签证计划（Tech Nation Visa Scheme）计划支持 TechCityUK 在吸引国外人才来英国就业方面发挥的巨大作用。

（3）紧跟科技变化的监管。一个创新友好型的监管环境对于大学的研究人员和数字企业的创新活动十分重要。一项颠覆性的创新通常不会为现有的监管体制所容忍，所以在发展数字经济时，要让政府监管不断跟上创新的脚步。英国政府将会与独立的管理者合作，确保现行监管体制不会阻碍创新。此外，完善知识产权保护体制，研究新兴技术的知识产权保护的可能性，如 3D 打印技术，同时英国知识产权局（Intellectual Property Office）将会加强对企业 IP 保护的建议。最后，采取《工业化战略》绿皮书中的"opendoor"措施。通过数字经济行业内的企业的建议，来采取措施促进行业整体竞争力和创新能力的提高。

（4）提高研究和开发的水平，支持人工智能发展和大学生创业。英国将会为英国各大学人工智能的发展提供 1730 万英镑的资金支持。

（二）支持数字企业

（1）创意的商业化。《工业化战略》绿皮书提出了一系列措施解决商业化不足的问题。例如，英国将对不同机构的商业化方法进行独立研究，包括如何处理知识产权的许可和获取产权的公平性问题。再如，评估英国企业目前可用的政府支持措施，并考虑国际最佳实践，找出英国当前政策中的潜在差距。

（2）大力支持自动驾驶、物联网、人工智能、虚拟现实等新兴科技。英国政府可以通过策略性的介入支持这些新兴科技的发展。例如，在自动驾驶汽车领域，允许其上路测试和提供专项资金支持促进其研究与开发；在物联网领域，通过设立 3000 万英镑的 IoTUK 项目支持其研究与创新；在 VR 和 AR 领域，英国政府通过先进数字创新中心（Digital Catapult）项目已经在促进该领域的发展。

（3）支持新的发展中的企业。数字创业企业是英国数字战略成功的核心，为了实现英国数字经济发展壮大的目标，需要让英国成为一个创业和做大数字企业的最好的国家。为此，英国将继续支持视频游戏产业的发展，继续支持网络安全领域新企业的发展。

（4）提高投资水平。为了确保英国本土数字科技企业的成长，英国需要吸引世界各地的科技创新企业。这个工作将会由英国国际贸易部（Department for International Trade）和国家科技顾问（National Technology Adviser）以及英国遍布世界的大使馆来共同完成。具体举措包括英国科技中心（UKTechHub）、数字领域的创业企业（start–ups）和扩张企业（scale–ups）金融服务的可得性，英国财政部领衔的长期资本（Patient Capital），英国商业银行（British Business Bank）的4亿英镑风险投资基金，等等。

（三）扩大政府采购

在《工业化战略》绿皮书中，英国提出要通过政府采购在公共和私人产业供应链中驱动创新和创造价值。英国政府将会继续使用统一的政府采购平台 Digital Marketplace，并且鼓励更多的地方政府和公共部门使用该平台，以提高政府采购的效率，降低数字科技供应商的门槛。到2020年，英国政府采购中中小企业所占的采购额将达到7.5亿英镑。

（四）在英国全境促进数字经济增长

（1）支持和发展数字产业集群（digitalclusters）。伦敦和英国东南部已经成为欧洲闻名的科技产业集群地带，但是英国数字战略的成功不在某一地区，而在整个英国。在英国的《工业化战略》绿皮书中，英国政府设定了更广泛的目标，在英国国内重新平衡经济，创造更强大和富有弹力的城市和地区。英国政府将会与 TechCity 和其他伙伴共同合作，学习已有项目的先进经验，在英国全境内推进科技生态系统建设。

（2）为社会公益目的促进数字科技领域的创新。未来，英国将会继续支持社会科技生态系统的建设。此外，还有健康科技的应用，比如，英国国民健康服务（National Health Service，简称 NHS）的临床医生正在通过科技创新为英国患者提供更好的服务。英国在 2017 年 3 月，审核批准诊疗 APP。合理利用英国国民健康服务产生的大量数据，将会提升决策准确度，也将有利于广大患者和医疗专业人士。

四、数字政府战略（Digital Government）

推动政府数字转型，打造平台型政府，更好服务民众，早在 2012 年，英国政府就发布了《2012 政府数字战略》（2012Government Digital Strategy），着力推进政府服务在线能力建设。英国数字政府能力建设主要有两个核心：一是设计、研发并运行现代化的数字公共服务，二是完成古旧的政府基础设施的转型。为此，英国政府已于 2017 年 2 月 9 日发布了《政府转型战略》（Government Transformation Strategy）。

政府部门将继续致力于完善政府数字服务的用户体验，满足"数字服务标准"（Digital Service Standard）。政府数字战略项目将从三方面推进这一工作：第一，加速转型的速度和规模，避免简单复制既有解决方案；第二，基于"平台型政府"（Governmentasa Platform）这一概念打造数字政府，确保平台在政府部门间最大限度地再利用；第三，推出一系列可重复利用的组件，以便可以更快、更容易、更廉价地组建数字服务。

（一）数字政务服务

1. 合适的文化

需要将数字技能嵌入政府（微软承诺向 3 万名公务人员提供数字技能培训），需要确保数字专家理解政府、非数字领域的公务人员理解数字技术，更好更敏捷地形成政策并提供数字政务，实现"智慧政务"（Brilliant Civil Service）这一愿景。为此，数字战略提出以下策略：①

继续增加政府部门的数字、数据和技术（DDaT）职位，并提供可持续的职位通道和奖励体系；②通过数字学院（Digital Academy）向 DDaT 人员提供教育和发展机会；③通过数据科学校园及数据科学加速（Data Science Campus and Data Science Accelerator）培训项目打造政府的数据科学能力；④确保政府可以吸引充分的科技从业者。此外，还将建立新的"数字政府伙伴关系"（Digital Government Partnership）加强与业界、学术机构和社会部门的合作，包括邀请外部专家作为政府的科技研究员（Technology Fellows）保障决策者在数字服务等相关领域进行决策。

2. 合适的工作场所

数字政府不仅为用户服务，而且也为世界级的公共服务创建合适的环境，需要具有合适的数字工具、技术、治理和程序等。为此，第一，要确保政府建筑通用、可兼容的技术，其设计和使用帮助创建开放、数字化的文化；第二，给予政府职员合适的、不受地点约束的办公工具。

（二）政府数字产品

1. 在线身份识别系统 GOV. UKVerify

在线政务的一个最大挑战就是，如何识别用户身份，确保用户就是他声称的那个人。为此，英国政府于 2016 年 5 月上线了在线身份识别系统 GOV. UKVerify。未来，英国政府还将：①到 2020 年确保 2500 万英国公民拥有 GOV. UKVerify 账号；②在 2017 年持续为地方政府和私营部门推出一系列试验项目，推进 GOV. UKVerify 账号的使用；③与业界合作扩大在线身份认证的途径；④与开放身份交换组织（Open Identity Exchange）合作探索安全、可信的数字身份。

2. 政府支付系统 GOV. UKPay

2016 年 9 月 2 日，英国政府上线政府支付服务系统 GOV. UKPay，方便民众缴纳各种费用。

3. 政府告知系统 GOV. UKNotify

大量民众需要电话询问政府其申请或者付款的进度。为了解决这一问题，英国政府推出了在线告知系统。这一系统通过短信、邮件、信件等方式及时向民众同步相关事项的进展。

五、数据经济战略（Data Economy）

释放数据在英国经济中的潜力，提高公众对数据使用的信心。

社交媒体、物联网等产生了越来越多的数据。随着数据收集、存储、处理成本的降低以及计算能力的增强，数据已经成为重要的原材料，伴随而来的新机会改变着创新、营销以及如何销售、消费服务。数据分析是一个高速发展的领域。

（一）支持数据经济（Data Economy）

据悉，2015—2020年，数据将给英国经济带来2410亿英镑的经济效益。因此需要确保企业和政府能以创新性的、高效的方式使用数据；而这需要创建强健的数据基础设施，具有较高程度的监管合规体系，培养数据型（data-literate）人才，增加具有高级数据技能的人才数量。

1. 数据基础设施

首先，数据基础设施是指资产、技术、程序以及不仅创造数据而且开放、分享数据的组织，包括存储设备、软件工具、网络、网络安全系统、数据管理平台等。数据基础设施同样是联网设备和自主设备、智慧城市、物联网等不可或缺的一部分。其次，企业手中的数据绝大部分尚未得到有效利用，为此，英国政府将和开放数据研究所（Open Data Institute）等机构合作，借助API的使用在更多经济部门创建开放消费数据的环境。再次，消费者可以有效获取其数据也是很重要的，早在2011年，英国就通过midata项目，将企业、消费者和隐私团体纳入一个框架，从而给予消费者从企业获取、访问可携的、电子化数据的权限。最后，数据跨境转移对诸如银行业、科技公司、能源公司等很多行业而言也是重要的。在数据跨境方面，英国将会执行2018年5月施行的欧盟《一般数据保护条例》。

2. 提高数字技能

英国目前在数据型人才方面存在很大的空缺。填补这一领域的人才空缺是英国的一个战略着眼点。为此，英国将和产业界主导的数据技术工作组（Data Skills Taskforce）项目合作，推进数据分析教育和技能在英国的提供。

（二）构建公众信任

调查显示，在英国当前只有25%的英国民众信任企业处理其个人信息。为了实现数据的经济和社会效益，就需要增进公众对其个人数据安全和合理使用的信任。因此，政府和企业必须确保数据保密和安全，合法、负责任、有道义地处理数据，公众应对其哪些数据被使用以及使用的原因保持透明，同时对数据滥用施以严厉制裁。

1. 支持公众的数据权利和责任

信息委员会办公室（ICO）、政府、消费者保护机构等将致力于鼓励人们对其个人数据负担起责任，尤其是在网络环境中。一方面，需要数据保护制度确保数据被合理使用；另一方面，公众在维护其信息安全方面也需要扮演好其应有的角色。

2. 建立数据使用的伦理框架

一些公司就数据使用已经建立起了伦理委员会或者咨询委员会。2016年5月，英国内阁办公室（Cabinet Office）发布《数据科学的伦理框架》（Ethical Framework for Data Science），提出了一些原则和最佳实践指南。未来英国还将进一步推进这一伦理框架。

3. 应对新问题

数据的新的使用方式将会带来新问题。比如，之前被移除了个人身份标识的数据可能被人为地去匿名化，可能危及个人身份，对医疗等敏感数据尤其如此。为此，英国针对故意或者过失地对匿名数据进行重新识别的行为引入了严厉的制裁。

4. 警惕人工智能带来的不公正问题

人工智能应用日益广泛，潜力巨大，但也对人类对计算机的认知以及人机关系提出了挑战。随着 AI 的广泛应用，必须谨慎考虑 AI 技术是否会产生歧视性的或不公正的结果，或者形成有偏见的或危险的判断结论。必须确保英国民众和企业能够信任利用 AI 技术的处理结果。

（三）有效利用政府数据

1. 负责任的政府数据实践

政府各个部门都在产生数据，如何建立有效的基础设施确保恰当的政府部门在恰当的时间获取恰当的数据是一个需要解决的问题。为此，需要探索建立有效的机制，确保政府数据的无缝使用，同时增进公众的信任。在政府数据实践方面：第一，一次收集，多次利用；第二，保持透明度，告知用户为何、如何分享数据及其好处；第三，尽可能地开放数据；第四，向为了公共利益的研究分享匿名数据。

2. 开放政府数据

英国政府正在大力推进政府数据开放，政府承诺所有政府数据默认开放。所有的官方统计数据都基于开放政府许可（Open Government License）来进行发布。目前已经推出了政府数据开放门户网站 data. gov. uk，在上面开放提供 4 万多个政府数据库。未来，英国政府还将进一步开放政府数据，并支持基于政府开放数据的创新和创业。此外，英国政府还将推进公共部门的不同机构之间分享数据。《数字经济法案》将会革新既有规则，届时，为了明确的公共利益目的可以在政府内分享数据。

参考文献

[1] 王海燕. 冷伏海英国科技规划制定及组织实施的方法研究和启示 [J]. 科学学研究，2013，31（3）.

[2] 王钰，郑永和，汪寿阳，等. 国际科学基金资助战略研究

［M］．北京：科学出版社，2012．

［3］闫玖石．英国技术预见计划的背景及过程［J］．天津科技，2004，（3）．

［4］叶小梁．科学白皮书与英国科技政策调整［J］．政策与管理，1994，（1）．

［5］侯国清，姜桂兴．保持科学卓越抓住创新机遇［J］．中国软科学，2005，（4）．

［6］王仲成．英国科技资源的统筹利用和优化配置——以政府财政科技经费投入为例［J］．全球科技经济瞭望，2012，27（3）．

［7］国际科技合作政策与战略研究课题组．国际科技合作政策与战略［M］．北京：科学出版社，2009．

［8］吴波．英国国家科技创新政策的战略规划［J］．世界科技研究与发展，2009，（2）．

第四章
法国的科技战略及其管理机制

第一节 法国的科技管理体制

法国是一个中央集权的单一共和政体国家,坚持国家主导科技发展,采用以国家目标为宗旨的管理模式,瞄准世界前沿科技及时调整部署科技发展战略,以应对各种挑战。

法国在科技方面取得的卓越成绩离不开其健全的科技计划管理体系。法国的科技创新体系包括:咨询评议机构、管理与决策机构、公共资助机构和研究执行机构四部分。

法国的研究创新体系包括决策管理机构、咨询机构、公共资助机构和执行机构。从决策过程来看,作为决策层的总统、总理等提出制定国家科技战略规划的要求,或根据"高等教育与研究法"等科研法规的条令定期制定;总理组织专门的委员会或带领相关政府部门,主要是高等教育与研究部制定科技战略规划。制定过程中吸收来自科研机构、公共资助机构、高等教育机构、企业等学术界、经济界的多方意见;科研战略理事会等国家咨询机构就科技战略规划提出建议。法国国家科研署、法国公共投资银行等国家公共资助机构根据科技战略规划制订招标计划,公开招标并资助人选项目进行落实;科研机构、高等教育机构、企业、竞争力集群等各类研究主体作为执行机构来具体完成。法国科技管理组织体系,如图4-1所示。

在该创新体系中,各部门具有不同的职责:高等教育与研究部会同法国科技最高理事会,制定国家科研政策,确定科技发展整体目标和财政预算;国家科研项目及资金管理部门会同科研与高教机构联盟等,负责制订科研计划并明确优先发展领域;高校与研究机构具体开展科研活动;研究与高教评估署分行业独立开展科技评估活动。

咨询评议机构	管理与决策机构	公共资助机构	研究执行机构
国家科学与技术高等理事会	建议→ 总统		私营执行者 中小企业 大企业
法国议会科学技术选择评估局	建议→ 议会	法国创新署集团	
研究与技术高级理事会	科学与技术研究部际委员会 经济工业与就业部 高等教育与研究部 地方政府	法国公共投资银行 其他资助机构	竞争力集群 研究与技术创新网络 卡诺研究所 先进研究主题网络
全国高等教育与研究委员会	生态、能源、可持续发展和国土整治部等其他部门	法国国家科研署	公共执行者 高等院校 公共研究机构 军用实验室 非盈利机构

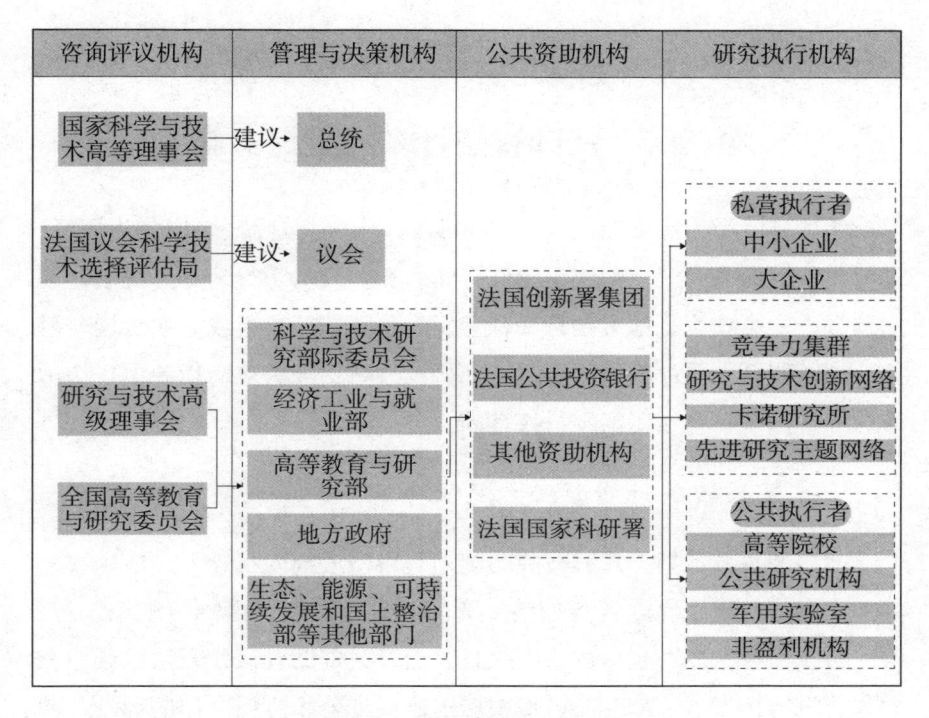

图4-1　法国科技管理组织体系

法国认为，基础研究在研发活动中起着十分重要的作用，它不仅可以产生新的知识，同时也可以为应用研究和试验开发打下基础，对它的财政投入已成为决定国家未来创新能力的基本要素。法国在政府直接干预下，确定了以公共基础性研究与技术开发、企业应用研究与开发为两大发展方向，注重整合各方面的资源和力量，打破高等院校、科研机构、工业部门三者之间的分割，取得了很大成效。经过多年的不懈努力，法国工业实力位居世界第5位，基础研究水平始终处于世界前列，不少领域的研究占据世界领先水平。

第二节 法国科技计划的组织实施

法国是一个中央集权的单一共和制国家,全国行政结构分为四级,即中央、大区、省、市镇或市镇联合体,在财政上实行的是分税制,国家预算由中央预算、地方预算和社会保障预算三部分组成。在法国,科技计划的制订主要由教研部负责。在科技战略相关法规的指导下,法国政府各部门制订并组织实施科技计划。

一、法国科技计划管理一般程序

部门的科技计划。在科技战略规划与科研法规的指导下,法国政府各部门制订并组织实施科技计划。部门的科技计划,由部门组织制订,编入科技预算,经通过后由部门执行,由公共资助机构公开招标或由相关科研机构执行。例如,教研部根据国家促进公私协同合作的规划,制订"卡诺研究所"计划,促进公共科研机构与企业的合作,由法国国家科研署公开招标与认证。

跨部门科技计划。由总统、总理或咨询机构提出,组织委员会或由教研部等牵头部门组织制订,吸取来自法国国家科研中心、五大科学联盟的建议,编入科技预算,经通过后由牵头部门或独立管理机构执行,由公共资助机构展开招标或由相关科研机构执行。

国家科学与技术高等理事会和议会科学技术选择评估局作为主要咨询评议机构,为政府科技战略规划决策提供咨询建议;高等教育与研究部是科技政策和规划的主要制定部门;科研署、创新署集团(OSEO)按照科研领域和创新主体为研究执行机构提供资助;研究执行机构包括公共部门、私营部门、大学、高教科研集群、竞争力集群、卡诺研究所以及各国家科研机构。

以法国 2015 年 3 月新出台的法国科研战略《法国-欧洲 2020》为

例，其由《高等教育与研究法》规定应每五年定期制定。由教研部的研究与创新司长领导一个执行委员会组织跨部际、跨机构的讨论，成员包括：政府的相关部长国防部、工业部、卫生部、农业部、外交部、跨部机构投资总署、战略与预见总署等；科学界的五大科学联盟、法国国家科研署、法国国家科研中心、法国原子能与可替代能源署、大学代表会议等；经济界主体与协会，如竞争力集群、卡诺研究所等。在此基础上，执行委员会根据总理主持的科研战略理事会的建议，制定完成战略。在该战略的指导下，法国国家科研署等依据战略提出的优先发展方向制订当年的招标计划，并展开招标。

二、近年法国的科技计划/政策汇总

近年法国的科技计划/政策汇总，如表 4-1 所示。

表 4-1 近年法国科技计划/政策汇总（部分）

科技计划	发布时间	发布机构	要点
法国战略投资基金	成立于2009年年初	法国政府	基金成立的主要目的在于对经济危机中遭遇困难的各类企业提供投资支持，重点是在优先发展的战略产业，如能源、汽车、航空、高技术等，以及成长性的中小企业，予以支持
新工业法国（2013年）	2013年9月	法国政府	建设"新的工业法国"，通过工业创新和增长来促进就业，提升法国企业的竞争力，使法国竞争力处于世界的最前端重振计划涵盖了能源转型、医疗健康、数码技术、交通运输等多个领域34个具体项目
"未来工业"计划	2015年5月	法国经济、工业与就业部发布	作为"工业新法国"二期计划的核心内容，主要目标是建立更具竞争力的法国工业旨在使工业工具更加现代化，并通过数字技术实现经济增长模式转变。未来工业计划提倡在一些优先领域发展工业模式，例如新资源、可持续发展城市、未来交通、未来医药、数据经济、智能物体、数字安全和智能电网

续表

科技计划	发布时间	发布机构	要点
支持初创企业发展措施	2017年6月	科学办公室在"前瞻系列报告"里提出	旨在在通信、传感器、发光材料、生物技术、绿色技术、大数据、物联网、机器人、增材制造、移动网络等多个技术领域开展布局

资料来源：公开资料，联盟整理。

未来工业计划简介：

1. 政策背景

在过去40多年中，法国曾和其他西方发达国家一样寄望于发展一种后工业时代的经济，"去工业化"是其主旋律，到2011年，法国的工业就业人口数量已从1980年的510万人减少到了310万人，在就业人口中的占比也从26%降至12%。同年，工业产值在国内生产总值中的比重也从1980年的24%下降到了12.5%，在欧元区17个国家中排名第15位，远低于德国（26.2%）、瑞典（21.2%）和意大利（18.6%）。

奥朗德在2012年总统大选竞选时，提出了"重新振兴工业生产（redressement productif）的经济计划，而且在2012年当选后，曾在政府中专门设立了一个"生产振兴部"，并且举行了一次"全国工业会议（Conférencenationale de l'industrie）"，设立了一个名为"国家工业理事会（Conseilnational de l'industrie – CNI）"的常设专家与咨询机构，由总理任主席，成员包括经济、工业、数码技术部长及所有其他相关部长，以及工业企业代表、工会代表和知名人士等各方代表，负责制定法国再工业化政策。

2013年9月12日，奥朗德总统和当时的生产振兴部长一起正式推出了一个名为"新工业法国（Nouvelle France industrielle – NFI）"的法国再工业化战略规划。该战略规划的第一阶段包括34项旨在发展法国优势领域的新产品或新业务的计划和一项名为"2030创新（2030 Innovations）"的创新支持政策。

2. 基本情况

2015年4月14日，奥朗德总统亲自主持正式推出了作为"新工业法国"战略规划第二阶段重要举措的"未来工业计划（Projet Industrie du futur）"。这项"未来工业计划"明确提出了以工业工具现代化和通过数码技术改造经济模式为宗旨的"未来工业"，即是"新工业法国"的模型（matrice）。

"未来工业计划"旨在使工业工具更加现代化，并通过数字技术实现经济增长模式转变。"未来工业计划"提倡在一些优先领域发展工业模式，例如新资源、可持续发展城市、未来交通、未来医药、数据经济、智能物体、数字安全和智能电网。"未来工业计划"将在法国3~5年内有望于获得欧洲或全球领先地位的市场领域内，支持企业的各种结构性计划，特别是在"添加式制造（fabrication additive）""工厂虚拟化和连接物体（virtualisation de l'usine et Objets connectés）"和"增强现实（réalité augmentée）"方面。

为了实施这一"未来工业计划"，专门成立了一个由工业和数码技术领域的各种角色组成的"未来工业联盟（Alliancepour l'industrie du futur）"，负责协调计划的各项行动。

一个由经济、工业与数码技术部长主持的"未来工业计划指导委员会（Comité depilotage）"每两个月举行一次会议，部署与检查计划的实施。

3. 主要内容

大力提供技术支持。促进企业结构化项目实施，向有潜力的3D打印、物联网、增强现实等新技术企业提供支持，帮助他们在3~5年内成为欧洲乃至世界的领军企业。进度安排上，到2015年9月，进行未来工业技术项目第一轮招标；2016年1月，未来工业技术平台安装并向工业企业开放，用以测试和实现自动化生产技术与尖端数字技术。

开展企业跟踪服务。各地政府将向中小规模和中等规模企业提供有针对性的个性化诊断服务。同时还会向企业提供财政资助，支持企业的生产能力现代化进程。进度安排上，到 2015 年年底，向 500 余家中小企业提供跟踪服务，到 2016 年年底达到 2000 余家；在 12 个月内（自 2015 年 5 月 18 日起）向企业提供 250 亿欧元财政补贴，用于生产工具更新。法国投资银行将在两年内向企业提供 210 亿欧元的借贷。

提高工业从业者技能。对年轻一代进行新兴职业相关培训，这是未来工业获得成功的首要条件。随着人们从业技能的提高，数字技术和自动化技术在工厂应用将增多，这对于工厂在各个领域竞争力的提升是不可或缺的，同时会创造更多的就业。进度安排上，2015 年年底前要实施与未来工业相关的第一批培训。

加强欧洲和国际合作。在欧洲和国际层面孕育战略伙伴关系。以德国为重点，就"未来工业计划"在"工业 4.0"平台基础上开展合作，通过欧洲投资计划范畴内的共同项目实现目标。进度安排上，到 2015 年秋，发布法德合作平台"工业 4.0"；2016 年 2 月，公布法国未来工业标准化战略。

推动未来工业。动员所有利益攸关者，宣传未来工业项目，主要推动措施包括：到 2016 年年底，启动至少 15 个未来工业的窗口项目；在法国商务投资署的支持下，汇集所有企业，创建未来工业统一形象；在巴黎组织一项具有国际影响力的未来工业活动。

第三节　法国科技管理的特点

一、注重科技管理的法制化

为针对法国科技创新体系中存在的弊端进行改革，解决 20 世纪 90 年代以后法国科技水平出现下滑的问题，法国于 2006 年重新制定了《科研指导法》，作为法国政府统筹科技发展的基础和法律依据。该法令明确提出构建战略思路清晰、机能运转高效的国家创新体系，通过增强原始创新能力来提高法国国际竞争力的战略思路：①协调基于科技发展自身需求的基础研究和基于经济社会发展需求的应用科学研究，确保科研总体均衡发展；②加强科研机构、高校及企业间的合作，形成充满活力的研发体系；③着眼全球及从长远战略考虑集成中央和地方力量，提高整体竞争能力。

该法还就未来法国科研发展手段提出了主要目标与具体措施。主要目标包括：加强战略性原始创新能力建设，对优先领域加强前瞻布局；建立严格、透明、一致的科研评估体系；营造富有吸引力和良性发展机制的科研环境；提高创新活力，构建公共科研机构与企业更加紧密的合作关系；加强法国科研体系与欧洲研究区的集成，最大限度地利用外部科技资源。在该法的指导下，法国政府确定采取的重大措施主要包括：成立总统主持的国家科学与技术高等理事会（HCST），新建独立的评估机构法国研究与高等教育评估署（AERES），大幅增加科研投入，增加科研岗位，等等。

二、积极调整科研机构，适应科技管理要求

从20世纪90年代起，法国科技创新能力相对走弱。2010年《全球创新指数》（Global Innovation Index，GII）报告中，法国创新指数在全球排名第22位。近些年法国政府对科技计划管理体系进行了一系列改革。

首先是重构国家科研体系。打破原有科学界、教育界、产业界各自为政搞科研的局面，进一步加强整合和战略引领，凝练形成"国家科技创新战略——重大科技创新计划——科技创新共同体"的国家三级科研体系。

2009年，法国首次编制《科研与创新国家战略（2009—2012）》（SNRI），确立了"科技创新在法国社会和经济的中心地位"，明确了健康、福利、食品与生物技术，应急环境技术与生态技术，信息、通信与

纳米技术三个与社会发展紧密结合的优先发展领域。法国科研署（ANR）的项目资助也因此更倾向于优先领域。2010年后，这些领域被纳入"投资未来计划"（PIA）。

2013年，法国制定新一轮的《国家科研战略（2015–2020）》，并形成了《法国–欧洲2020：科研、技术转化和创新的战略议程》（France Europe 2020）。该议程分析五大"优先领域科研联盟"和国家科学研究中心的科研战略，产业振兴部的34项"工业振兴计划"，并参考了美国、德国、英国等主要国家的科研创新战略。2013年，法国政府成立"科研战略委员会"（CSR）和"执行委员会"（ComOp），进一步强化政府决策功能。

在进行机构改革的同时，法国开始全面整合创新主体。按照区域打造"竞争极"，建立"大学–科研机构共同体"（以下简称"共同体"）；按照领域建立五大"优先领域科研联盟"。政府以整合后的创新主体作为主要资助对象。法国将原有多个重点科研计划、不同渠道的资助项目进行整合，例如2010年开始实施的"投资未来计划"，政府将其分为卓越中心、科研增值、企业扶持、医疗保健和生物技术、运输业、城镇建设、能源与循环经济、数字经济、就业与社会公正九个领域，整合后的科研计划成为政府进行科技创新的主要资助渠道。

三、高度重视产学研相结合

（一）推动"卡诺研究所"创建工作

卡诺研究所（InstitutCarnot）致力于促进公共科研机构与社会经济伙伴尤其是企业之间的合作，促进技术和知识转移，并推进研究与创新的发展。从2005年至今，通过两次招标评比，在法国全境共有33家研究所获得"卡诺研究所"称号。该称号有效期为4年，可以重新投标。法国国家科研署根据研究所上一年度与企业开展研究的收入来确定对其的资助金额。截至2012年年底，该计划充分利用了法国公共科研的力量，约2万名科研人员与7500名博士。其利用法国公共实验室 15% 的研究与技术人员，完成了与企业自主合作研究的 50% 的合同，有效地推进了公共科技成果向企业转化。仅 2012 年一年，卡诺研究所就与超过 5000 家企业签订了价值 4.2 亿欧元的研究合同。同时，卡诺研究所参与了法国绝大部分的竞争力集群，是众多技术平台的主要成员。

（二）组建技术研究院

2011 年 5 月，法国政府宣布在未来投资计划的框架下设立技术研究院（IRT），由高等教育机构、科研机构和企业在当地竞争力集群的基础上联合组建一定数量的技术创新联合体，推动制造业与服务业的科技成果转移转化，促进就业。法国在研究成果转移转化方面一向比较薄弱，公立与私立科研机构之间的联系也不够紧密；而德国与美国通过高等教育机构、科研机构与技术开发转移转化机构之间的合作建立了卓越的创新系统，拥有大量专利。

该计划总预算为 20 亿欧元，目标是使 IRT 成为世界著名技术创新园，支持法国战略产业向朝阳市场转移，增加就业机会。IRT 将通过研究、培训和创新方面的公私战略合作，促进知识向企业的转移，在各种高级平台上培训大学生，发展合作，并增强法国对企业和更优秀的国际研究人员的吸引力。IRT 的建立采用公共与私立部门共同投资，也将促进竞争力集群的发展。首批组建成的 6 个技术研究院，涉及领域为纳米电子、航空航天与载荷系统、生物技术、冶金与处理、铁路基础设施、复合材料。

（三）建立五大领域联盟

法国在"国家研究与创新战略"（SNRI）的指导下，将多个科研机构联合，建立了五大科学联盟，包括：生命科学与健康研究联盟、国家能源研究协调联盟、数字科技研发联盟、环境研发联盟、人文社科研究联盟。设立研发联盟旨在对法国科研版图重新布局，以消除研究创新主体间的隔阂，促进伙伴关系，协调相关领域内各主体。各联盟在国家科研署的指导下，制定相关领域的科技规划，针对国家重要问题共同研究提供咨询意见，作为统一的整体参与国际会议，等等。

2012年7月，最先成立的生命科学与健康研究联盟（Aviesan）发布3年工作总结及对未来的展望。Aviesan主要成员包括法国原子能署、高校附属地区医院中心、国家科研中心、法国大学校长会议等。该联盟自2009年成立后，有效推动了法国该领域各大科研机构与高校之间的协同创新。Aviesan采用跨机构专题研究院（ITMO）形式协调组织与研究工作。该形式集合成员单位研究人员针对10个具体的研究方向建立，带领各机构科研人员组建团队，实施组织会议、展开科研任务、向政府提供分析与咨询报告、与法国国家科研署共同制定领域规划等工作，并在欧洲重要会议中提出统一意见。今后，其决策分析与战略咨询功能将更为凸显，有助于协同国家共同制定领域政策，简化成员单位合作开展研究工作的程序，加强专业知识的大众普及与传播，促进法国在欧洲乃至世界生命与健康领域的认知度。

法国国家和地方政府积极推动公共研究机构与高校同私人企业以合同的形式开展联合研究或联合建立实验室、研究所、平台、网络，以及开展科技咨询活动。其中，国家每年财政投入约20亿欧元，由财政部、教研部、生产力振兴部指定经济、工业、能源和技术总会（CGEIET）牵头，国家创新署具体落实，部际独立基金（fondationuniqueintermini-stérìele）、工业战略创新基金（innovationstratégiqueindustrielle）提供配套资金。目前已有200家公共研究机构和高校研究机构与100余家企业正在积极开展"伙伴研究"。

四、高度重视科技成果转化工作

为了推进科技成果转化工作，法国在2010年成立了专门的法国国家专利基金（France Brevets），该基金重点关注信息通信技术、航空航天与空间技术、新能源技术、化学、材料、生命与环境科学等尖端技术领域，采用财政、法律、技术与商业手段对具有战略意义的专利进行保护与价值化，从而为进行以上技术研究的中小型企业与公共科研机构解决其在申请国际专利时所面临的资金与人才方面的困难。法国国家专利基金采用多种方式来促进科研成果的价值化，主要包括：组织与管理专利池，促进资源与权力的分摊；资助与评估专利授权；积极参与标准化机构的工作以促进专利的价值化，等等。

组建加快技术转移公司，其主要使命为将公共机构的科研成果介绍给产业部门，同时把工业界的需求转达给公共科研机构。主要工作内容为专利申请、技术转移、公共与私营科研项目、创建新兴企业等。2011年已遴选出5个项目用于成立5个加速技术转移公司，这项工作将有效地加强法国的技术转化能力，并在产业领域积极创造就业机会。

法国科研与高等教育评估署作为独立的第三方评估机构，负责对法国的国立科研机构进行评估。评估署在完全独立于科研机构主管部门和评审对象的前提下开展同行评议，以科研机构与主管部门签订的四年合同为基础。在四年期的合同中，包含科研机构当期战略规划中的战略目标、为实现这些战略目标拟采取的举措以及根据举措设定的定量定性监测指标。此外，合同中还包括为了实现战略目标主管部门应提供的政策支持和经费支持。

技术移转工作站。分布法国各地的23个技术转移工作站，主要根据企业的技术发展及战略、项目管理、人员培训、市场、制度和监管等现状，帮助推荐和对接相应的研发实验室、技术中心、职业技术高中、理工大学等，由这些单位协助企业定位未来发展方向。同时工作站负责介绍网络技术服务、国家创新署、研究培训工业协约、税收信贷政策等有关国家扶持创新与研发公共政策。工作站不具备企业发展前景分析和技术鉴定工作职能，只负责向企业介绍相关政策并提出相关建议。

五、重视国际科技合作与交流

人类共同面临环境污染、气候变化、新发传染性疾病、能源紧缺、食品安全等全球性问题，需要世界各国共同面对，开展广泛合作，科技合作与交流已成为一个国家外交工作的重要组成部分。法国一直以来重视国际科技合作，在合作领域上重点推动基础研究和创新领域的科技合作。这些合作不仅涵盖与美国以及欧洲区域的合作，也包括与金砖国家和第三世界国家的合作。

例如，积极与中国在多领域广泛开展科技合作与交流。航空、核能等是中法两国传统合作领域。同时，中法在生命科学、新能源、水资源、先进材料、信息、电动汽车、国际大科学计划和人才培养等重要新兴合作领域也不断取得进展。随着中国经济快速发展以及科技成果与人才影响力不断增强，法国也在调整与中国科技合作政策，改变以往无偿技术援助的做法，实行两国科技界联合研究、共同开发、成果共享。目前，中法在基础研究和前沿技术研究领域的合作有待进一步加强，需要建立长效合作机制，推动两国基础研究领域长期有效的合作，为新材料、发动机等法国认为对自己优势产业将构成威胁需加以限制或不愿意合作的先进技术合作研发积极创造条件。

第四节 典型科技计划管理举例
——未来投资计划

21世纪以来，法国相继制订了一系列科技计划，并取得了丰硕的科技成果。其中最具代表性的四项科技计划包括竞争力极点计划、未来投资计划、新工业法国计划、未来工业计划。如表4-2所示。

表4-2 法国的主要科技计划

科技计划	制订部门	实施阶段	经费投入（亿欧元）	优先发展领域
竞争力极点计划	法国领土整治和发展部际委员会	第一阶段（2005—2008）	15	汽车、健康、航空航天、计算机系统、纳米、生物、微电子、环保燃料、海洋产业、图像和网络、工业化学、多媒体、神经科学、粮食生产新技术、癌症治疗、再生能源和建筑、高档纺织业、物流业、塑料成型、化妆品
		第二阶段（2009—2012）	15	
		第三阶段（2013—2018）	1.1	
未来投资计划	法国投资总署	第一期（2010—2013）	350	高等教育和培训、应用型基础研究及其经济价值、工业、可持续发展、数字经济、健康和生物技术等
		第二期（2014—2016）	120	
		第三期（2017）	100	可持续发展（能源转型与未来城市）、数字化（第三期）
新工业法国计划	法国创新署集团	2013—2022	35（2013—2015）	能源、数字革命和经济生活
未来工业计划	法国创新署集团	2015—2017	34	数据经济、智慧物联网、数字安全、智慧饮食、新型能源、可持续发展城市、生态出行、未来交通、未来医药

未来投资计划（Investissements d'avenir）是法国2010年以来推行的大型综合性科技计划，原名大型国债计划（Grand Emprunt），于2009年12月由法国总统萨科齐正式宣布并于2010年启动，以摆脱金融危机，促进就业，增加法国竞争力。

该计划通过发行国债的方式募资350亿欧元，投入五大优先领域——高等教育与培训、研究、工业与中小企业、可持续发展、数字化（见图4-2），将建设与完善具有世界一流竞争力的高校，推动成果转化，重点发展航空航天、汽车、铁路与造船、环保、高速宽带等领域，力求从长远考虑，进行战略性投资，全面提升法国科研影响力，增强其在国际竞争中的表现。350亿欧元的国债中，220亿欧元将通过金融市场募集，130亿欧元由银行偿还经济危机时国家给予的资助，此外，预计将带动私人投资、地方行政机构参与及欧盟补助，使未来投资计划的规模达到700亿欧元。

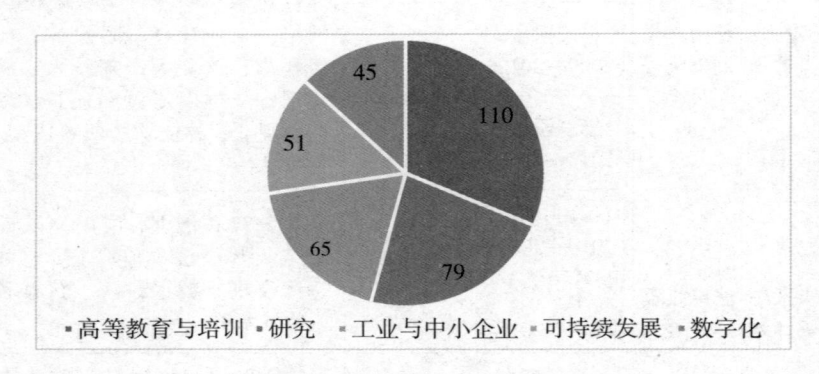

图4-2 法国未来投资计划优先领域布局

未来投资计划的子计划分为两大类：一类为专项计划，包括航空航天、空间、核能等领域，由计划与项目实施机构签署协议并审核通过后直接拨款；另一类为公开竞争性计划，由高等教育与研究部起草招标书，由总理府召开部际联席会议讨论通过，由法国公共科研资助机构进行公开招标。未来投资计划设立了投资总专员与监督委员会负责计划的管理与实施，他们都由法国总理直接领导。其项目遴选由法国国家科研署（ANR）、法国创新署（OSEO）、法国环境与能源署（ADEME）等重要公共科研资助机构与研究机构负责。其中，ANR作为最重要的项目遴选机构，主要负责计划中公开竞争性项目的遴选。

未来投资计划前两期共投资470亿欧元，第三期未来投资计划将投资100亿欧元，计划延续了前两期计划对"卓越""创新"与"合作"的追求，提出三大优先发展重点及其具体目标：①支持高等教育与科研的进步；②促进科技成果转移转化；③促进企业的现代化发展。同时根据支持重点科研项目、促进创新环境发展、支持未来工业发展趋势等9

个目标设立了相应的行动方案。

第三期未来计划不再按照具体领域进行规划，而是根据创新价值链进行部署，关注从上游的高等教育与科研到下游的企业创新整个过程。计划集中围绕法国经济与社会转型最重要的两个方向展开：可持续发展（能源转型与未来城市）与数字化。

根据公开资料显示，第三期未来投资计划60%的资金支持可持续发展与绿色增长，主要通过以下三种形式实现：①资助与能源转型、循环经济、绿色化学、保护生物多样性、改善城市交通等相关的新型技术与项目；②在遴选项目时纳入环保指标，那些能够降低能耗、减少温室气体排放、减少垃圾等的项目更容易入选；③在遴选时优先考虑那些能够间接节约能源的项目，如在科研活动中使用新型超级计算机或采用电子芯片小型化等新工艺的行为，能帮助减少能源消耗，将更容易得到支持。第三期未来投资计划的主要内容，如表4-3所示。

表4-3　第三期未来投资计划的主要内容

优先重点	发展目标	行动方案	涉及方向	经费（亿欧元）
支持高等教育与科研的进步	发展创新教学	在学校教育中普及数字化的创新教学方式	数字化	5
		在大学中设置新型课程	数字化	2.5
	支持重点科研项目	支持优先领域的科研项目	可持续发展、数字化、教学研究、健康	4
		支持大数据存储与处理类的科研基础设施	数字化	3.5
	联系科研与高等教育	支持大型研究型大学	—	7
		建设科研型的大学研究生院	—	3
	建立新的大学管理模式	促进大学与地方生态环境尤其是公私科研力量的联系	—	4
单项总计				29

续表

优先重点	发展目标	行动方案	涉及方向	经费（亿欧元）
促进科技成果转移转化	促进创新环境发展	巩固大学医学院、加速转移转化公司等新建的成果转化机构	健康	2.3
		支持相关领域的创新示范项目	食品、可持续发展（能源、城市化）、旅游、安全	15
		进一步支持有竞争力的创新机制与项目	航空、可持续发展、数字化、健康、交通	6.2
	促进创新成果转化	整合同一地区的加速转移转化公司与孵化器以提高效率，支持新创企业的发展	—	1.5
		设立后孵化国家基金为孵化成熟即将进入工业化阶段的项目提供支持	可持续发展、数字化、健康、城市化	5
单项总计				30
促进企业的现代化发展	支持企业创新	继续支持合作创新项目	航空、食品、可持续发展、空间、数字化、健康、安全、旅游、交通	5.5
		根据生产模式的转变推进相关领域的转型	航空、食品、文化、可持续发展（能源、城市化）、空间、数字化、健康、安全、体育、旅游、交通	10
	支持未来工业发展趋势	支持未来工业的三大发展趋势：物联网、有附加价值的制造业、自动化与互联网工业	航空、可持续发展、空间、数字化、交通	3.5
		促进高素质劳动力的培养	食品、旅游、城市化	1
	促进中小企业发展	通过国家创新竞赛支持创新型中小企业与新创企业的发展	航空、食品、文化、可持续发展、数字化、健康、旅游、交通	3

续表

优先重点	发展目标	行动方案	涉及方向	经费（亿欧元）
促进企业的现代化发展	促进中小企业发展	设立国家企业启动基金二期，对启动初期的创新型中小企业提供更为持久的支持	可持续发展、数字化、健康	5
		设立国家企业增长基金二期，对发展中期、得到资助较少的领域的创新型企业提供支持	—	4
		设立中小企业国际化发展基金	—	2
		设立重大挑战基金支持高风险、高收益的项目	—	7
单项总计				41

法国在科技创新制度顶层设计、科技管理体系构建、科研经费投入、创新平台建设、激励措施制定等方面都形成了较为系统、完善的有效模式和机制，事实上也推动了法国科技创新不断发展。

参考文献

［1］陈晓怡. 法国科技政策发展态势（上）［J］. 科技政策发展战略，2014，10.

［2］顾海兵，姜杨. 法国科技评估体制的研究与借鉴［J］. 上饶师范学院学报，2004，24（4）：30－33.

［3］吴海军. 2014年法国科研经费注重扶持战略性产业［J］. 全球科技经济瞭望，2014，（5）：1－8.

［4］吴海军. 法国科技计划管理体制简介［J］. 全球科技经济瞭望，2015，（9）：7－15.

第五章
德国的科技战略及其管理机制

第一节　德国的科技管理体制

历史上，德国是一个并不发达的国家。1871年，俾斯麦通过三次王朝战争建立了统一的德国，到第一次世界大战前夕，德国已经成为欧洲最强的国家，后经过二战战败，东西德分裂，德国依然以科技强国、工业强国屹立于世界，其科技管理体制值得我们研究与学习。

从国家体制来看，德国是由各个州组成的联邦制国家，德国的科技管理也体现出了科学自由和科研自制的理念。长期以来，德国并没有全面、长远的科技发展战略规划，政府对科研的管理也主要体现在宏观调控上。联邦教研部（BMBF）是联邦政府的科技主管部门，掌握着约60%的科研经费，主要负责基础研究、关键技术、生命科学和可持续发展领域的科技计划。联邦经济与能源部（BMWI）是联邦政府第二大科技主管部门，主要负责创新政策和产业相关研究，管理能源和航空领域的科学研究以及面向中小企业的科研资助计划。其他联邦部门如农业部、交通部、环境部等在各自领域负责与本部门职能相关的科技计划。

跨部委的科技计划实行联合管理，各部门按照领域分工各自完成相应的部分，其中一个部委负责组织协调。

16个州政府在科技事业上享有自主权，可以组织实施本州的科技创新计划，也可以参与联邦的科技计划，其中科学联席会（GWK）是协调联邦和各州科技政策以及联合资助科技计划的专业机构，是联邦与州之间科技规划战略与科研体系的交流平台，成员主要由联邦与各州主管科技与财政的部长与委员组成。科学研究会则是联邦与州政府的科技发展咨询机构，经常对科研体系、学科规划、科研机构发展、资助等情况提出建议。德国科技管理组织体系，如图5-1所示。

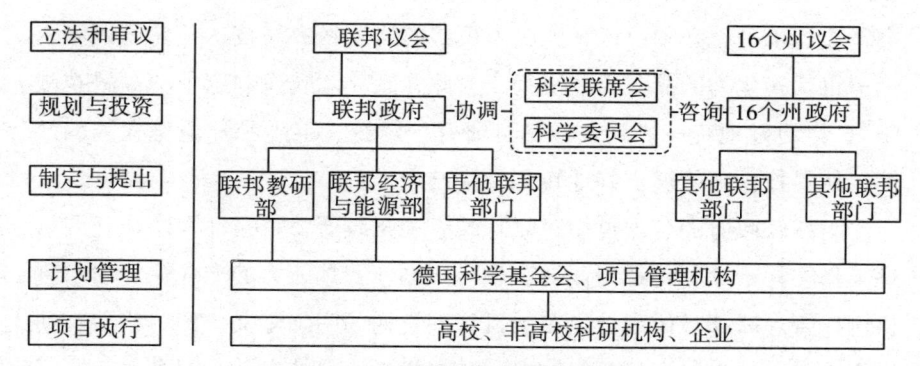

立法和审议	联邦议会			16个州议会
规划与投资	联邦政府—协调—科学联席会/科学委员会—咨询—16个州政府
制定与提出	联邦教研部 / 联邦经济与能源部 / 其他联邦部门	其他联邦部门 / 其他联邦部门
计划管理	德国科学基金会、项目管理机构
项目执行	高校、非高校科研机构、企业

图 5-1　德国科技管理组织体系

德国科技计划的执行部门主要是联邦政府委托的项目管理机构和德国联合研究会。德国科学基金会（DFG）类似于我国的国家自然科学基金，自有一套科研项目的审核与监督流程；而德国政府在委托项目管理机构管理科技项目方面做得比较成功，大大提高了科技计划管理的科学性和客观性。

2006年，德国出台了第一个全国性、跨部门和领域的科技发展战略——高科技战略。"高科技战略"所采取的措施主要包括设立一系列激励机制，大力促进产学研结合和技术转让，以推动经济增长和促进就业。以此为抓手，聚焦尖端技术未来的重点领域，以此来激发德国科技的创新能力，确保德国在未来的科技竞争中处于优势地位。

2010年《德国高科技战略2020》发布。随后德国于2014年年底发布新版《新高科技战略——为德国而创新》（3.0），该战略的公布也向外界发出了一个明确信号，德国致力于促进本国研发和革新的可持续发展。

第二节　德国科技计划的组织实施

德国是一个高工资高福利国家，又存在发达国家普遍面临的问题，如人口老龄化（德国的人口老龄化比例仅次于日本和意大利）、能源供应保障、失业、经济结构转型和消费者信心不足等。德国经济要想保持全球领先水平就必须以比其他国家更快的速度发展科技，并在德国境内迅速将其转化为产品或工艺流程。为此，默克尔政府制定了"高科技战略"，以更好地统一协调包括教育研究、经济、卫生和环境等在内的政策，使科技创新能够更好地转化为生产力。

为减轻政府的管理负担，联邦政府和州政府将科技计划的执行与管理工作委托给具有科技专业知识和科研创新管理能力的专业化项目管理机构代管。联邦教研部曾给出项目管理机构的明确定义，即"设置在研究中心或其他专有资格的机构中，具有广泛的科技专业、财务预算、经济管理知识和一定行政管理能力的科技管理机构，为联邦政府完成科技和行政管理任务的组织"。

项目管理机构行使科技计划及项目管理职能，遴选并审核项目，监督项目的执行，其主要职责包括：①在项目资助计划范围内为项目申请者提供专业技术、申请程序、行政管理等方面的咨询；②审核申请项目并向联邦政府部门提出批准建议；③跟踪并监督项目执行情况，管理项目经费，审核项目成果以及成果转化；④提供科技政策咨询，协助制订科技资助计划，组织专业会议、科普宣传、国家交流与合作等方面的活动，对联邦政府科技计划的实施提供支持。

截至目前，德国的项目管理机构主要分为三种类型：依托大型科研机构建立的项目管理机构、依托产业协会建立的项目管理机构和咨询公司性质的项目管理机构。

同时，项目管理机构对科技计划实行"项目提出——项目申报——立项评审——过程管理——项目验收与审计——成果管理"的全过程管理模式。在该过程中，项目管理机构不单要承担科技计划项目的组织和实施工作，还要发挥第三方机构的作用，为项目委托方与承担方提供业务咨询与支撑服务。

一、科技计划管理方式分类

根据委托管理流程和决策的集中分散程度，可以将科技计划的管理方式归纳为以下四类：联邦政府部门直接委托项目管理机构负责管理的一级委托管理模式、集中委托和分散委托相结合的二级委托管理模式、专项计划的集中协调管理模式、专项计划的分散管理模式。

一级委托管理模式主要适用于单个部门负责的、资助方向明确的科技计划，其管理模式较为简单，科技计划主管部门直接委托一个项目管理机构，并在申请指南中明确该项目管理机构。申请者针对申请过程中的问题向委托的项目管理机构咨询，将项目申请书提交项目管理机构。项目管理机构组织对申请进行评估，并将遴选结果交联邦部门审批。之后，项目管理机构负责对项目实施全过程进行监督与评估。目前联邦教研部的"可持续发展能源研究框架计划"与"健康研究框架计划"、联邦经济与能源部的"国家电动汽车开发计划"等科技计划均采用此管理模式。

二级委托管理模式适用于多部委联合参与、资助方向不明确的科技计划管理，参与部门一般会先联合委托一个项目管理机构征集项目方案，并对项目方案进行评估，之后根据项目方案内容进行课题领域归类，并分配到相应主管部门。各部门再分别委托各自的项目管理机构负责接收正式资助申请并组织项目实施。在此过程中，发生两次政府部门与项目管理机构之间的委托行为，因此称之为"二级委托管理模式"。

与一级委托管理模式不同，二级委托管理模式的一个特点是，项目管理机构对科技计划具有咨询功能。此管理模式的优势在于，避免了不同部门之间因为单独开展资助可能造成的双重资助的风险，同时可实现科研项目在创新价值链多个环节的持续支持。"第六能源研究计划"下的"储能"和"未来电网"联合资助计划采用此管理模式。

集中协调管理模式德国专项计划涉及的主体包括企业、高校、科研机构等创新主体以及联邦政府、州政府、专项计划总体工作组等管理主体，其管理体系比单一部门和跨部门的科技计划更为复杂，一般采用"集中协调管理模式"，即设立一个由企业、高校、科研机构、政府代表组成的工作组，自上而下地对科技计划任务进行分解，对计划目标、研究问题和行动领域进行顶层设计；在计划实施过程中建立协同研究平台，确保计划有效实施。德国"工业 4.0"以及"能源供给智能改造"两项计划采用该管理模式。

对于分工明确、研究领域交叉不强、不太需要协同机制的专项计划多采取分散管理的模式，即各部门分别负责各自领域的科技计划管理工作，并不需要建立协调工作组。"个性化医疗""网络服务"等专项计划采用分散管理模式。

二、近年来德国的科技计划/政策介绍

德国拥有定位清晰的公共科研体系和健康的企业创新生态系统，在制订整个科技研发的战略和计划时非常有前瞻性和引领性，并通过具体政策把这些战略计划转化为引领全社会，特别是产业界的产业进步和技术进步的引擎。

近年来德国科技计划/政策汇总，如表 5-1 所示。

表 5-1 近年来德国科技计划/政策汇总（部分）

科技计划	发布时间	发布机构	要点
德国 2020 高技术战略	2010 年 7 月	德国政府	重点关注气候/能源、健康/营养、交通、安全、通信五大领域，主要以应对各个领域的最重要挑战来确定"未来项目"，提出德国"工业 4.0"，规划十大未来研究项目，确定十大关键技术
第六能源研究计划	2011 年 8 月	德国政府通过了经济部、环境部、教育部和农业部联合起草的文件	第六能源研究计划是实施 2010 年 9 月德国政府出台的新能源战略的重要一步，德国希望通过这一战略迈进可再生能源时代，成为世界最节能和最环保的经济体之一
生物精炼路线图	2012 年 7 月	德国联邦教研部牵头，联邦农业部、联邦经济技术部、联邦环境部共同参与制订，联合发布	旨在大力加强工业生物技术研发创新，推进传统化学工业的转型，使其从以石油等不可替代资源为主要原料转变为以可再生生物质（尤其是植物）原料为主的新型产业，适应未来生态化经济的发展要求

续表

科技计划	发布时间	发布机构	要点
2020创新伙伴计划	2012年8月	德国联邦教研部推出的专项计划	在2013—2019年将投入5亿欧元，通过支持东西部研发创新合作，推动德国东部地区科研能力特别是企业技术创新能力的提升，促进东部地区产业结构以及技术与产品转型升级，创造更多面向未来的就业岗位
走向集群计划	2012年2月	德国联邦政府	主要支持、推介最具有创新能力的集群。每个项目可以获得联邦政府提供的100万欧元投资（2012—2015年）
数字化战略2025	2016年3月	德国联邦经济与能源部	提升经济活力，并通过与传统的竞争优势、最先进的技术、新方法以及有目的的扶持政策相衔接而确保其质量与技术的长期领先地位
电动汽车补贴计划	2016年5月	德国联邦内阁	加快本国电动汽车发展，补贴金额总计12亿欧元，由政府与汽车制造商平摊，补贴截至2019年6月30日
航空航天2030战略	2017年1月	德国经济部和德国航空航天中心	该战略加大了在数字化领域研究的投入，10个跨领域项目中，8个涉及数字化。旨在提升德国航空航天中心的潜力，巩固和扩大其在经济和社会研究中的领先地位
国家千兆网络计划	2017年3月	德国联邦交通与数字基础设施部	计划至2025年投资1000亿欧元，用于建设高性能的国家宽带网络。在此基础上实现VR、万物互联、"工业4.0"等应用
对外贸易和支付法案（修改）	2017年7月	—	德国联邦经济事务和能源部有权审查来自欧盟或欧洲自由贸易联盟以外的外国投资者对德国入境投资交易，如被评定交易对"公共秩序或安全"构成威胁，交易可能会被限制或禁止

资料来源：公开资料，联盟整理。

（一）德国 2020 高技术战略

2010 年 7 月，德国联邦政府正式通过了《思想·创新·增长——德国 2020 高技术战略》，这是继 2006 年德国第一个高技术战略国家总体规划之后，对德国未来新发展的探求。新战略指出，德国面临着几十年来最严峻的经济与金融政策挑战，解决之道在于依靠研究、新技术、扩大创新，目标明确地去激发德国在科学和经济上的巨大潜力。为此，联邦和各州政府一致认为，到 2015 年，用于教育和科研的投入占 GDP 比重增至 10%，而经济—科学研究联盟将始终伴随高技术战略的实施过程。新战略还提出以 5 大需求领域开辟未来新市场，并重点推出 11 项"未来规划"，积极营造友好创新环境。

2020 高科技发展战略较以往更加注重以人为本，强调技术变革为人类利益服务，因此重点关注 5 个领域：气候/能源、健康/营养、交通、安全和通信。这些领域所面临的挑战是全球性的，对人类在未来的发展具有决定性作用。沙万说："德国科学和工业界应为应对上述领域的挑战提供解决方案，实施高科技战略将为德国的增长和就业提供强劲动力。德国的发展只能依靠以研究和创新为中心的科研政策，别无其他选择。"

在每一个领域，德国都将确定一些"未来项目"，制定要达到的社会和全球目标，依靠科学技术的帮助，德国将在未来 10~15 年跟踪这些目标。目前高科技战略已经确定了第一批"未来项目"，包括：二氧化碳中性、高能源效率和适应气候变化的城市，智能能源转换，作为石油替代的可再生资源，个性化的疾病治疗药物，通过有针对性的营养保健获得健康，在晚年过独立的生活，德国 2020 年拥有 100 万辆电动车，通信网的有效保护，互联网的节能，全球知识的数字化及普及，未来的工作环境和组织。

2011 年 11 月，德国政府特别提出把德国"工业 4.0"作为《德国 2020 高技术战略》的重心，以促进工业—科研联盟瞄准中长期科学和技术发展目标，制定具体的创新战略和实施路线图，确保德国制造业的领先和优势地位。

（二）数字化战略 2025

近些年来，德国政府对数字经济转型的重视程度越来越高，为推动数字经济发展，德国政府先后发布了"工业 4.0""数字议程（2014—2017）"以及"数字战略 2025"。

"工业 4.0"是德国政府 2013 年提出的一个高科技战略计划，包括智能工厂、智能生产、智能物流三个方面，被认为是以智能制造为主导的第四次工业革命。2014 年德国政府又出台了"数字议程（2014—2017）"，推动网络普及、网络安全以及数字经济发展三个重要议程，使德国成为数字强国。2016 年 3 月德国联邦经济与能源部（BMWi）又发布《德国数字化战略 2025》，在国家战略层面明确了德国制造转型和构建未来数字社会的思路，以及未来数字化必备的工具。

1. 实施目标

通过实施所推荐的措施，确保德国的经济活力，并通过与传统的竞争优势、最先进的技术、新方法以及有目的的扶持政策相衔接而确保其质量与技术的长期领先地位。

2. 政策要点

"数据战略 2025"确定了实现数字化转型的十大步骤及具体实施措施：

（1）2025 年前在德国建设千兆光纤网络。

在农村地区建立价值 100 亿欧元的千兆网络未来投资基金，优化资助项目之间的合作，与电信运营商、联邦州、企业和协会等所有参与方举行千兆网络圆桌会议，利用低价、快速扩张的千兆网络开发"最后一公里"，简化千兆网络的规划和建设程序，在推广 5G 网络时保持欧盟的技术领先地位，设计有利于投资和创新的法律框架和法规实践。

（2）引导新的创业潮流，支持创业，促进新公司和现有公司之间的合作。

进一步开发现有针对创业企业的资助措施，在欧盟投资基金支持下将资金额度提高5亿欧元，2017年设立总额3亿欧元的高技术创业基金（HTGF）第三期，2016年扩大INVEST项目范围，完善法律和税收框架提高德国作为风险投资区位的竞争力，确保浮动税制对创业企业不会造成财务负担，将股市作为创新企业融资渠道并重新开放创投的退出渠道，支持早期创业者参加"数据创新创客竞赛"，支持德国创业企业的国际化，支持创业企业与现有经济实体的联网，继续推行"女企业家"计划，通过管理数据化简化企业注册流程、降低行政成本，通过创业平台4.0为创业者提供信息和咨询。

（3）为投资和创新设立监管框架。

设立技术、法律层面的数字单一市场，加强对在线平台及中介的管理，确保监管，清除跨境电子商务面临的法律壁垒和特殊障碍，在数字立法中体现数据开放、平等、安全以及数据主权等内容。

（4）推进基础设备领域的智能联网。

优化智能联网的投资和法律环境，确定欧盟范围内的统一标准，扩大需求并产生协同效应，启动智能联网移动社区资助项目，建立全国范围的数字化联盟项目，加速构建智能网络工程。

（5）加强数据安全，发展数据自主权。

探讨制定针对信息安全缺陷产品责任规则和软硬件制造商安全目标的法规，提高每个企业的数据安全水平，根据德国数据能力和关键实力的国际对比制定数字地图集，将欧盟数据保护法规关于消费者与经济利益平衡的内容纳入国内法，确保欧美隐私安全阀可以保护个人、企业和国家的隐私。

（6）实现中小企业、手工业和服务业的新商业模式。

通过"中小企业数字化"计划帮助中小企业适应数字化，稳固现有的市场地位并开拓新的市场；在"中小企业4.0——数字化生产和加工流程"资助项目下，设立专门针对手工业的技术中心；在推广"数字化（go‑digital）"项目下为信息技术安全、网络营销和数字化业务流程的中小企业尤其是手工企业提供资金支持；在推广"创新（go‑lnno）"项目下，为员工不足 100 人的企业提供咨询费 50% 的资助。此外，启动"中小企业数字化运动"，核心为中小企业数字化投资项目，在 2018 年前将投入 10 亿欧元，现有的"中小企业核心创新项目（ZIM）"和"工业社区研究（IGF）"等中小企业创新项目也将分别增资 7 亿欧元和 2 亿欧元。

（7）利用"工业 4.0"实现德国生产基地的现代化。

业已建立的"工业 4.0"平台将在标准化、信息技术标准、就业培训等法律框架方面实现"工业 4.0"，目标是将德国发展为"工业 4.0"的引导者和主要应用者，成为世界上现代化程度最高的工业基地。为发挥"工业 4.0"的潜力，建立微电子资助项目，发展对于"工业 4.0"至关重要的传感器执行器，参与欧盟微电子研究创新项目，在 2017—2019 年提供 10 亿欧元的国家资金。积极落实"工业 4.0"平台的实施建议，尤其是标准化、法律框架、信息技术安全层面内容，制订"工业 4.0 标准化"行动计划。为加快"工业 4.0"的推进，加强国际合作，如与中国在"工业 4.0"领域的合作将强化德国企业在中国市场的地位，此外还与美国工业网络公司就共同领域展开合作。

（8）加强顶层数字技术的研发和创新。

通过税收减免提高数字技术投资的积极性，资助项目的重点是创新技术和应用领域的示范项目，如"智能服务世界""工业 4.0 的自动化"等技术项目，以及产品工程、物流、服务机器人、工业 3D 打印，工业通信领域的"经济界数字技术（PAiCE）"项目和大数据领域的"智能数据"项目。在开发技术的同时，要实现数据自主。此外，对员工不足 1000 人的中小企业实行研发费用税收减免优惠。

（9）在人生各个阶段实现数据化教育。

在学校阶段中，德国的数字媒体投放将达到国际顶级水平，加快创新和知识管理等经济理念深入到教学机构中，支持教育领域的创业企业；在双轨制教育中，教学理念为数字化经济所需知识，跨企业的职业教育中心可以提供高水平的数字化深造，双轨制信息技术职业应加大对实践的要求，满足现有职业和新业态不断变化的需求。高校教育为数字化创新的核心，努力发展 STEM 领域的现有尖端研究所，尤其是信息技术领域，如大数据分析、工业软件和信息技术安全，在经济学、法学、政治和社会经济学领域融入信息、数据分析和网络的内容，支持高校创业（EXIST）项目，促进高端技术诀窍在经济领域的转化，通过大规模开放在线教育改善教育方式。在职业进修领域，创造灵活和个性化数字进修的条件，尤其是中小企业员工的数字化培训，为员工在企业外的深造提供评估和认证，促进员工通过网络继续学习，并评估数字信息化培训的质量。

（10）将数字机构作为日常的现代化技术中心。

为整合分散的数字能力，解决竞争、市场及消费等方面的问题，德国建立新的数字机构，以搭建技能池、支持数字议程、持续建设数字化能力为工作方向，构建从内容、服务、应用层面到互联设备乃至用户分析的整体数字化价值链。其主要任务包括：对数字化进行分析、市场观察和报道，为消费者和企业提供咨询及实际帮助，降低整个社会的信息和协调成本，支持重要产业利用数字化潜力，解决消费者纠纷，开展社区、联邦州、欧盟和国际层面以及企业、协会及其他利害相关方的合作。

第三节　德国科技管理的特点

一、"政府主管、社会执行"的科技计划管理模式

"政府主管、社会执行"的科技计划管理模式是指政府通过职能转变，分离出部分职能交给第三方机构来完成，将政府从具体的科技计划

项目管理和资金分配中解脱出来。

政府主管是政府主要做好科技政策的制定和实施，从宏观上加强政府部门的职能管理，根据科技发展需要及时制定科技政策、科技奖励办法等，并监督和检查已制定的科技法规的实施。

社会执行是鼓励和委托具有条件的、专业的第三方机构（如项目管理机构）负责项目的申请、评审、立项、过程管理和绩效评审等全过程，既接受政府部门的管理与监督，更受到社会各界公众的广泛监察。第三方机构应该是由具备一定资质的，具有专业背景的，高学历的专家、学者、管理人员等组成的高水平专业队伍，具备科研项目管理的丰富经验，机构本身具备法人资格，能独立、公正、客观地开展评价业务，能独立承担相关法律责任。

德国科技创新平台在建设模式上采取政府主导，企业、高校、院所、商会、银行等多方参与的方式。通过政府主导与市场运作相结合，建立有利于资源配置和高效运行的平台管理模式和运行机制。所有的平台运行采取公司化管理模式，实现运行机制市场化、服务对象社会化、绩效考核科学化。在平台建设过程中看似没有政府的影子，实际是政府在投入、在作为，政府意志通过法律得到落实。这样可以促使各类创新资源更加容易对接，各创新主体合作更加密切，有利地保障了科技成果的扩散和产业化。

以商务部重点介绍过的德国史太白技术转移中心为例。德国史太白是世界技术转移领域唯一上市的两家公司之一，具有140年的历史，与弗劳恩霍夫应用研究促进协会（Fraunhofer–Gesellschaft）、亥姆霍兹国家研究中心联合会（Helmholtz）并称为德国创新驱动的源泉。史太白已经形成了技术咨询、教育培训、投资、资产管理等一系列的全产业链，其著名的孵化成果包括戴姆勒奔驰、博世等世界500强企业。与此同时，史太白还是世界上第一家提出双元制教育体系的机构，以人为核心，侧重培养人的创新思维能力，以个人带动集体，让整个机体具备创新、创业和开拓进取的精神。

史太白是由德国技术转移的先驱、巴登符腾堡州工业化的推动者，依靠德国政府的强力支持和共同创新而发展壮大的。企业类的资源包括：戴姆勒奔驰、保时捷、沃尔沃、大众、西门子、IBM、博世、天合汽车、保诚保险、贝尔等企业。技术领域主要涉及汽车制造、电子信息、节能环保等方面，中国史太白首期项目就是建立史太白汽车服务产业示范园，引进国际领先的汽车服务产业链，培养输送高端技能人才。

史太白经济促进基金会（StW）是史太白技术转移网络的联盟组织。这一非营利组织与其子公司——史太白技术转移有限公司（StC）的总部均设在德国的斯图加特，两者共同负责所有涉及知识和技术转移的商业活动。史太白技术转移中心网络，如图5-2所示。

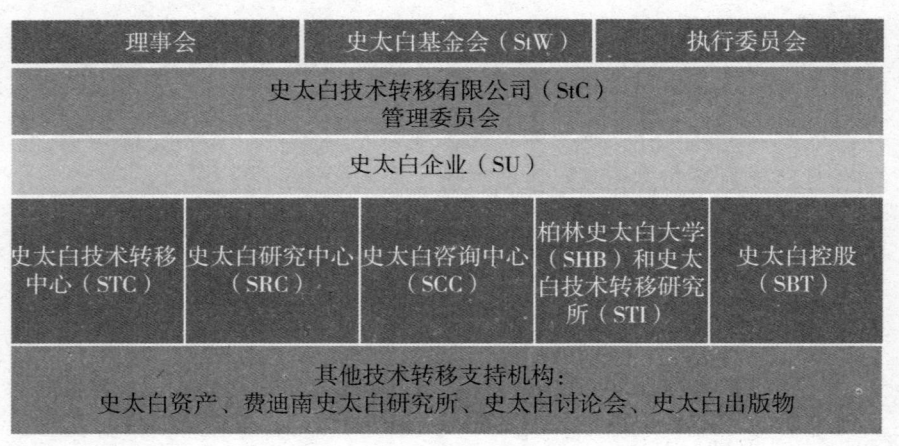

理事会	史太白基金会（StW）	执行委员会
史太白技术转移有限公司（StC）管理委员会		
史太白企业（SU）		
史太白技术转移中心（STC）	史太白研究中心（SRC）	史太白咨询中心（SCC）	柏林史太白大学（SHB）和史太白技术转移研究所（STI）	史太白控股（SBT）
其他技术转移支持机构：史太白资产、费迪南史太白研究所、史太白讨论会、史太白出版物		

图5-2 史太白技术转移中心网络图

资料来源：史太白中国官网。

在史太白技术转移网络之中，有大量专注于不同技术种类的史太白技术转移中心（STC）。我们的研究和创新中心（SRC，SIC）专门进行以下几种研究：市场与转移相关研究、委托研究、开发和转移网络研究以及一些公益项目。咨询中心（SCC）在商业咨询、评价和培训方面很有经验和见解。史太白大学（SBH）和研究所（STI）进行针对技术转移方面的研究，并提供工作能力方面的培训和雇员发展服务。史太白投资控股公司负责监管大部分控股企业和部分合资控股企业。

从业务模式上来看,史太白主要在以下三个方面开展工作:

(1) 在当地落户一个技术转移中心。

(2) 在当地落户一个企业实训中心,培养中国人进行汽车技术整合。

(3) 根据当地的产业情况,落户并投资产业示范园。

其中第一、第二项为落地必做的工作,而第三项落地汽车产业园则要视当地的工业基础等相关因素而定。

史太白自成立特别是勒恩改革以来实现了飞速发展,其地域覆盖范围由巴符州扩大至德国各地以及巴西、美国等,业务遍及研发、咨询、培训、转移等各环节,形成了在全球范围内具有重要影响的技术和知识转移网络。2011 年,史太白共有 855 家技术转移、咨询和研究中心,销售额由 1983 年的 235 万欧元增至 1.34 亿欧元,雇用了 1462 名正式员工、3631 名合同工和 697 名教授。(数据截止为 2011 年 12 月 31 日)

二、面向产业集群,促进成果转化

创新平台建设是产学研合作的重要载体和有效途径,所有创新平台及相关服务的重点最后都落实到科研成果的转化上,最终确保市场化的科技中介服务体系成为加快科技成果转化的重要保障。德国创新平台服务方向主要面向新兴产业园区,如碳纤维园区、生物医药产业集群以及专门针对鲁尔工业区转型的新能源集群等,同时为中小企业提供技术服务。

如慕尼黑生物技术产业集群、亚琛科学城等都有围绕产业为中小企业开展科技创新服务的平台。以慕尼黑生物技术产业集群为例,至 2013 年,集群内有 340 多家公司,包括生物技术公司、制药公司、医药研发外包服务公司等,其中,中小企业占 2/3 以上;同时还有 2 所"精英"大学,3 家马普学会研究所,赫尔姆霍兹联合会慕尼黑分会,6 个国家级医疗健康研究中心和多家医院。集群内有 5 家孵化器、4 家公共技术转移服务机构,为集群内产、学、研、用结合及成果转化提供技术鉴定及转移、融资咨询、初创辅导、发展规划、寻找合作伙伴、信息收集、在线服务、国际合作等服务。集群内大部分公司的创建都是源于这些创新服务平台推动的高校科研机构的技术成果转化。

三、注重国际化开放联合

德国科技创新服务平台在促进高校、企业、科研机构的合作方面,不仅着力于促进国内的合作,而且也着眼于促进德国企业、科研院所在欧盟乃至全球范围的技术研发和技术转移等方面的合作。例如,著名技术转移服务机构史太白技术转移中心在全球16个国家设立了810个分中心,拥有专业人员4700余人。他们根据不同客户的需求,提供从技术、商业到终端市场的整体解决方案。另外,企业科研机构通过创新平台获取项目资金支持渠道多元化,联邦体制与欧盟体制相结合是德国支持企业科技创新的一个主要特点。企业科研机构既可以从本州、联邦财政系统获得项目资金支持,又可以申请欧盟系统项目资金。

四、科技创新法律法规较健全

德国从联邦政府到联邦州政府都制定一系列有利于科技创新的政策措施。健全的法律法规,为科技创新平台建设和运行营造了良好的政策环境。例如,下萨克森州法律规定,高等院校和科研院所的研究成果必须要转化。因此,每个高校院所都设有技术转移或成果转化机构,定期发布成果信息并主动与企业进行对接。又如,德国政府规定,高校的教授除每周20小时的授课时间外,享受研发的自由,并可以在高校设立自己的研发公司,这些公司研发多与企业合作,等等。这些法律政策保护和调动了科技人员科研创造的积极性和主动性。德国还将出台相关法律法规,放宽外国人来德国进行留学、研发和科研的条件,以及提供包括家庭就业培训和孩子就学教育的方便,以吸引更多的人才到德国从事科研工作。

第四节 典型科技计划管理举例
——"工业4.0"计划

专项科技计划是联邦政府为了落实德国的创新政策，根据既定目标联合创新活动的所有参与者，共同寻求应对社会重大挑战的系统解决方案。德国目前有10个重要的专项科技计划，由德国联邦内阁于2012年批准。"工业4.0"是这10个专项计划中的一个。

"工业4.0"提出的背景是根据德国政府的报告《未来图景"工业4.0"》(Zukunftsbild Industrie4.0)，"工业4.0"的提出并不完全是德国制造业领先的体现，也是被竞争对手逼出来的应对计划。内部原因是，德国本来就是制造业强国，需要保持并提高自己的优势。这种优势体现在两个方面：一是技术水平处在较高的水平，二是高效率的创新体系。一是美国等发达国家的"再工业化"带来的刺激，二是以中国为首的新兴国家的崛起，使得德国产品在国际市场上的地位受到挑战。

"工业4.0"是德国"国家高科技战略"的一部分，2006年和2010年德国政府提出《高科技战略2006—2009》和《高科技战略2020》两个全国性的高科技政策，旨在提高高科技领域的竞争力，"工业4.0"是《高科技战略2020》的重要组成部分。这一措施提出的前提是，德国的制造业已经进入"工业3.0"时代并处于领先地位，自动化和信息化在生产制造过程中已广泛应用。"工业4.0"是制造业与信息技术结合发展的必然趋势。

"工业4.0"计划在以下方面有巨大潜力：

1. 满足个人的个性化要求

"工业4.0"允许在设计、配置、订购、规划、制造和运营阶段纳入个性化的标准，并使"将最后一分钟的变化"纳入上述过程成为可能。在"工业 4.0"计划中,生产一次性产品以及生产的产品数量极低(批量大小为 1)并且仍然能够赢利,这种情况是有可能的。

2. 灵活性

基于信息物理系统的特别网络(adhocnetworking)使动态配置业务流程的不同方面成为可能,例如质量、时间、风险、稳定性(robustness)、价格和环保性。这促进了材料和供应链的持续"调整"。这也意味着,工程流程可以更为灵活,制造流程可以改变,(由于供应问题)暂时性短缺可以得到弥补,并在短时间内可以实现产量的大幅提高。

3. 决策优化

要在全球市场上取得成功,正确决策(通常在很短的时间内)变得至关重要。"工业 4.0"具有实时的、端到端的透明度(end-to-end transparency),就是在互联网协议(TCP/IP)的设计中,将互联网系统中与通信相关的部分(IP 网络)与高层应用(端点)分离,最大限度地简化网络的设计,将尽可能多的复杂性和控制放在用户终端上。这就使工程领域的设计决策能够提早得到核实,并可以对过程中断进行更为灵活的应对,并且在生产领域实现一家企业的所有生产工厂的全球优化(globaloptimisation)。

4. 资源生产率和效率

工业制造流程的首要战略目标是:以特定量的资源实现最多的产品产量(资源生产率),以及使用尽可能少的资源生产出特定的产量(资源效率)。这个目标仍适用于"工业 4.0"。信息物理系统使得在整个价值网络中的制造流程在个案基础上得以优化。

5. 通过新的服务创造价值机会

"工业 4.0"开启了创造价值的新方式以及就业的新形式,例如,通过下游服务创造价值与工作岗位。为了提供创新型服务,智能算法可以应用于智能设备记录下来的海量多元化数据(大数据)。在"工业 4.0"时代为中小企业和初创企业提供了发展 B2B 服务的巨大机遇。

需要指出的是,"工业 4.0"不会一蹴而就,是一个长期的过程,不同行业之间的推进情况差异很大。目前来看，两类行业应用进展较快：一类是产品具有多品种、小批量、精度要求高、交付时效性强等特点的行业，如工业元器件制造等；另一类是零部件数量多、生产组织复杂的行业，如汽车制造等。从实践来看，"工业4.0"可以被视为一个基于共识、各方分工协作的完整体系。在智能工厂的一般状态中，包括数字化、智能数据、智能生产、CPS（信息物理系统）、联接、智能物流六个模块。各参与方能否在生产链条中找到自己的定位并且与上下游企业达成共识，将成为体系构建成功与否的关键。

德国"工业4.0"有三家标杆企业，走的路径各有不同。西门子是高度自动化，将IT和精益管理结合；德国SEW（Süddeutschen Elekromotoren – Werke）传动设备有限公司主要在CPS（信息物理系统），用数量有限的IT技术来完成精益管理和科技自动化联接；奥迪是关于整车框架组装独立自主的生产系统。不同企业对"工业4.0"的切入角度不同，但是越来越多的企业认识到，"工业4.0"问题绕不开精益管理，如何提升单个工人的效率仍然是企业管理的核心问题。

参考文献

[1] 葛春雷，裴瑞敏．德国科技计划管理机制与组织模式研究[J]．科研管理，2015，36（6）：128 – 136．

[2] 王顺兵．德国科技管理特点及启示[J]．全球科技经济瞭望，2017，32（4）：35 – 45．

[3] 杨军．德国企业技术转移特点与启示[J]．科技成果管理与研究，2014，（9）．

[4] 冯身洪，刘瑞同．国家科技重大专项的创新特征分析与协同创新体系构建[J]．全球科技经济瞭望，2014，（8）．

[5] 陈强，常旭华，李建昌．主要发达国家和地区的科技计划开放及其启示[J]．经济社会体制比较，2013，（2）．

[6] 李敏，赵勇. 德国科技政策析论［J］. 科技与经济，2005，(5).

[7] 黄阳华. 德国"工业4.0"计划及其对我国产业创新的启示［J］. 经济社会体制比较，2015，(2).

[8] 赵文彦，曾月明. 创新型企业创新能力评价指标体系的构建与设计［J］. 科技管理研究，2011，(1).

[9] 刘志春. 国家创新体系概念、构成及我国建设现状和重点研究［J］. 科技管理研究，2010，(15).

第六章
日本的科技战略及其管理机制

第一节　日本的科技管理体制

日本科技管理组织体系主要由综合科学技术创新会议（CSTI）、文部科学省（MEXT）及其下属研究、审议机构构成。日本在内阁府设置了综合科学技术创新会议这一领导科研的主管部门，主要负责协调各省厅的科技活动，加大了内阁对科技政策的领导权，提高了科技政策的地位以及科技政策综合协调性，使其具有战略性、综合性和及时性。日本科技管理组织体系，如图6-1所示。

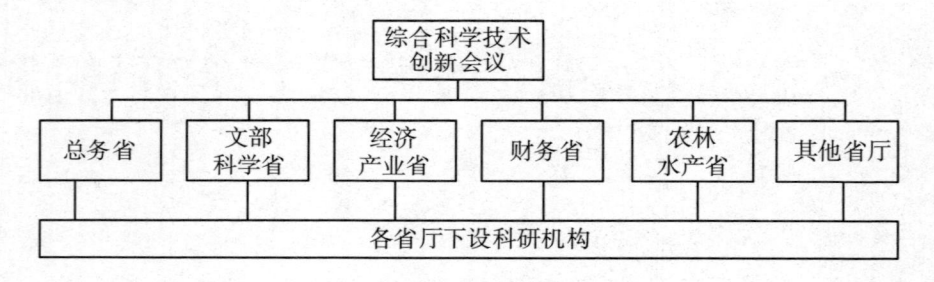

图6-1　日本科技管理组织体系

日本的科技管理组织体系属于典型的集中型管理。设置于内阁的综合科学技术创新会议（CSTI）处于日本科技管理体系的核心，负责制定国家科技战略，协调政府各省厅之间的科技项目、科技预算等机构，是日本关于科学技术的最高审议、咨询机构。

CSTI 大致经历过三个发展阶段：

第一阶段：科学技术会议阶段（1959—2000年，Council for Scienceand Technology，CST）。为改变各省厅相互分离、各自为政、缺乏全局观等问题，根据《科学技术会议设置法》，日本于1959年成立了CST，主要有两大功能：一是咨询审议功能，主要为内阁总理大臣在制定科学技术长期发展目标及相关政策时提供咨询和审议服务；二是综合协调功能，通过研究制定长期（一般为 10 年）综合性的科学技术方针，指导和协调政府各部门制订年度计划以及进行预算编制。

综合科学技术会议阶段（2001—2013 年，Council for Science and Technology Policy，CSTP）。这一时期相比之前更加注重计划的战略性，其职能已经不再局限于协调统筹等，而是成为了辅佐内阁领导全国科技发展的重要机构，高瞻全国科技发展全局，全面协调各省厅的工作。其范围也由科技管理拓展到人文社会科学，并且除了提供首相的咨询，还可以主动提供政策建议。

综合科学技术创新会议阶段（2014 年至今），2014 年日本再次将 CSTP 改革重组为 CSTI，这一次改革强调了创新在科技和国民经济发展中的中心作用，强化了 CSTI 在决策与审议日本科技创新各项重大政策时具备统揽全局和横向串联的功能，主要目的在于打破各省厅之间的纵向分割，一体化推进科技振兴及创新政策，提升科技管理的效率。

日本能够在短时期内崛起并克服自身的先天不足与其在不同时期采用合理适时的科技政策紧密相关。经过发展，日本在科技体系上形成了由国家层面制定的科技战略规划、国家重点科技领域的发展计划和科研机构的研究发展计划三个层面的科技计划体系。

第二节　日本科技计划的组织实施

一、政策编制

按照日本现有的科技管理体系，一项科技计划出台要经过计划的提出与编制、组织实施与协调、计划的监督与评价三个阶段。

（一）国家级的科技计划

国家级的科技计划，制订主体是 CSTI，主要职责是：制定人文、社会、自然科学等以科学技术为研究对象的综合战略方针；协调与科技有关的跨省行政事项；审议个别省的研究计划，确定是否要列为国家重点；有计划地制定全面振兴科学技术的基本政策；制定有关科技预算、人才等资源分配的基本方针；针对科技有关的重大研究发展项目进行评价。

CSTI 一般以五年为周期，制订"科学技术基本计划"，CSTI 承担着制定科学技术基本政策、统筹分配国家科技创新资源以及评估重大科技项目等职能，主导着日本科技创新的发展方向。

CSTI 有两个常设机构，理事会和专项调查会。理事会主要负责从国家发展战略角度出发，对日本科技政策、规划及发展方向进行计划性立案和综合审议，对日本政府首相和内阁都具有直接影响。专项调查会有若干个，负责对日本各机构提交的科技创新战略规划进行评估，并提出具体研究方向建议。目前成立的五个专项调查会分别是科技基本计划专项调查会、科技创新政策推进专项调查会、重要课题专项调查会（根据不同领域划分）、生命科学伦理专项调查会、评价专项调查会。其中，科技创新政策推进专项调查会重点围绕日本营造科技创新环境、开展跨部门与国际合作等领域进行政策评价。CSTI 科技计划动议与决策过程，如图 6-2 所示。

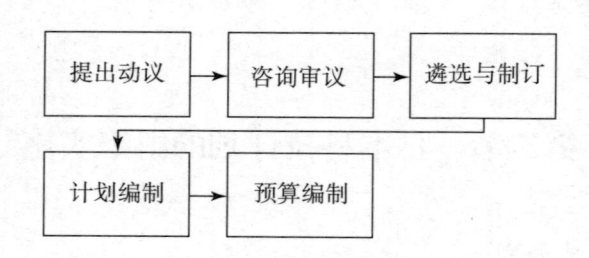

图 6-2 CSTI 科技计划动议与决策过程

在下一个计划正式开始的前一年，CSTI 向首相提议，由各领域专家、学者、企业界人事组成"基本计划专门调查文员会"，启动新一期的科技基本计划制订工作。在制订计划前，CSTI 会对计划进行咨询审议，评估现有计划的效果，征询各方面对科技战略的意见，再遴选和制订。主要由"基本计划专门调查会"负责计划的讨论和起草,并向首相和 CSTI 汇报成果。

各省厅会依据科技基本计划制订本部门的科技计划,将预算要求上报给财务省后,内阁形成政府预算方案并提交国会批准。

一般而言,CSTI 会提出具体的政策目标与项目清单,提出研究领域主题以及对应省厅之间的权责关系,相关省厅会对项目专门立项,与承担项目的研究机构共同开展项目。随后,会设置关门的领域委员会,制定具体的执行政策,项目的参与者一般由省厅协调或者委托资助和科研机构实施。相关研究课题一般在网站上进行征募,并有科研机构具体执行。

(二) 省厅级的科技计划

各省一般设立了政策审议和制定机构,根据国家相关政策制订本部门的科技计划。制订过程中,各省厅的政策审议机构通常邀请相关领域的专家、学者组成"科技计划评价讨论会",咨询审议本部门的科技计划。审议通过后,会设置专门的委员会,来制定具体的执行政策并通过公开征募的方式来确定具体研究项目。

(三) 科研机构的科技计划

科研机构的科技计划,一般由科研机构下设的战略规划部门来制订。相关省厅通常会为下属科研机构制订"中期目标",科研机构根据这些目标来制订本机构的"中期计划"和年度计划。

跨部门的科技计划。跨部门计划的协调主要由 CSTI 任命协调员及专家工作组来完成。

二、政策的评估

日本各层次科技计划的评估机制都有明确的立法依据。例如,根据《行政机构实施政策评价法》,由 CSTI 负责在制订下一期科技基本计划时对前一期计划进行评价，具体由其"基本计划专门调查会"负责。CSTI 的"评价专门调查会"负责对个别投入较大的项目进行事前审核和事后评价。

日本通过第四期《科学技术基本计划》，对科技计划政策的具体反馈机制进一步提出了明确要求，包括：在科技政策制定及计划立项前，要与内阁各部门的行政决策结合，与法律兼容，与社会沟通；在科技计划课题执行中，要实施计划、执行、检查、处理的循环，加强第三方评价和社会监督；在科技计划实施完成后，要面向社会加强公众参与和媒体宣传，加快成果推广应用，等等。

日本的科技计划体系会根据政治、经济和社会发展的要求而进行动态调整，这既包括由于内阁更替等原因带来的对于总的中长期科技发展战略的调整，也包括对年度科技计划预算的调整。在日本科技计划的管理构架和动态调整机制中，CSTI 起到了核心作用。它是在内阁总理大臣和科学技术政策担当大臣的领导下，综合政府各部门意见和国会及社会各界专家建议，在国家战略层面常态化举行的重要政策会议。

日本十分重视对科技的投入，自 1998 年以来对科技的投入占 GDP 的比例就保持在 3% 以上；即使在 2009 年全球金融危机的影响下，日本研发经费占 GDP 的比例仍为 3.34%。2016 年，日本发布《第五期科学技术基本计划（2016—2020 年）》，提出深化和推进"超智能社会（Society5.0）"战略。随后，日本在 2017 年的政府预算中，围绕全面建成"超智能社会"的战略目标，科技预算总额达到了 34868 亿日元。在最新公布的日本 2019 年年度预算的概算要求中，科学技术领域的预算额达到 4.351 万亿日元，比 2018 年年度的最初预算增长了 13.3%，这笔预算将重点用于人工智能（AI）相关技术的开发和人才培养等。

三、近年日本的科技计划/政策汇总

近年日本的科技计划/政策汇总，如表 6-1 所示。

表 6-1　近年日本的科技计划/政策汇总

科技计划	发布时间	发布机构	要点
日本复兴战略	2013 年 6 月	日本政府	该战略重点是提高企业和国家层面的受益和赢利能力，包括日本产业复兴计划、战略市场创造计划、国际发展计划三项行动计划，并提出具体的措施和成果目标。日本产业复兴计划的主要目的是，促进日本制造业的复苏，培育高附加值服务产业，使得日本在全球竞争中处于优势地位
超级智能社会 5.0	2016 年 1 月	日本内阁会议通过第五期科学技术基本计划提出	日本于 2016 年 1 月在《第 5 期科学技术基本计划》中提出了超智能社会 5.0 战略，并在 5 月底颁布的《科学技术创新战略 2016》中，对其做了进一步的阐释。该计划中将日本的发展目标确定为：日本社会应当是一个超智能社会（即社会 5.0）。日本希望通过推进引领世界的举措，积累经验技术和知识，先行一步推进知识产权和国际标准化
机器人新战略	2015 年 1 月	日本政府	日本《机器人新战略》提出三大核心目标，即"世界机器人创新基地""世界第一的机器人应用国家""迈向世界领先的机器人新时代"；该战略制订了五年计划，旨在确保日本机器人领域的世界领先地位。阐述了八个跨领域问题，包括建立"机器人革命激励机制"、技术发展、机器人国际标准、机器人实地检测等
EV·PHV 路线图	2016 年 4 月	日本经济产业省	提出到 2020 年，日本国内纯电动车和插电式混合动力车的保有量达到 100 万辆
人工智能发展路线图	2017 年 3 月	日本政府	提出分三个阶段，利用人工智能技术提高制造业、物流、医疗和护理等行业的效率。路线图为，将 AI 视为一项服务，并将它的发展划分为三个阶段：（1）在各个领域开发、应用数据驱动 AI；（2）跨领域开发 AI 和数据公共使用；（3）将众多领域联系起来，创造生态系统 2020 年左右完成第一阶段到第二阶段的过渡，2025—2030 年完成第二阶段到第三阶段的过渡

资料来源：公开资料，联盟整理。

2013 年 6 月，日本内阁召开会议，敲定了作为安倍经济学第三支箭的日本复兴战略，并将该战略细化为日本产业复兴计划、战略市场创造计划、国际发展计划三项行动计划，同时提出了具体的措施和成果目标。

"日本复兴战略"的主要增长目标，如表 6-2 所示。

表 6-2 "日本复兴战略"的主要增长目标

领域	列入"日本复兴战略"的主要增长目标
激发民间企业的活力	以投资减税方式减轻法人负担，最大限度地调动民间力量 设备投资：未来 3 年内恢复到每年 70 万亿日元的投资规模 企业的开工停工率：达到与美英同等水平的 10% 赢利的中小企业数量：70 万~140 万家（2020 年） 未来 5 年内再让 1 万家企业走向海外
完善商业环境	设立"国家战略特区"，吸引全球投资 商业环境排名：在发达国家中的排名从第 15 位提升至前 3 位 调整相关制度，允许外国医师在日从事医疗活动 激活金融资本市场，构建亚洲第一的市场
扩大贸易，推进全球化	FTA 贸易比例：从目前的 19% 提升至 70%（2018 年） 基建订单额：从官方与民间合计的约 10 万亿日元增至约 30 万亿日元（2020 年） 中型及小型企业的出口额：在 2020 年前较 2010 年增长一倍 推进 Cool Japan：传媒文化产品的海外销售额从目前的 63 亿日元增至其 3 倍规模（2018 年） 赴日外国游客：从 2013 年 1000 万人增至 2030 年 3000 万人以上
将农林水产业打造成为成长型产业	农林水产品及食品出口额：从目前的 4500 亿日元增至 1 万亿日元（2020 年） 六次产业市场规模：增至目前的 10 倍，达到 10 万亿日元（2020 年） 农业及农村整体的收入：未来 10 年内实现翻番
就业、女性、人才培养	失业 6 个月以上人员：5 年内减少 20% 女性就业率（25~44 岁）：从目前的 68% 提升至 73%（2020 年） 全球大学排名：未来 10 年内让 10 所以上的学校跻身前 100 名 培养国际化人才：2020 年前实现留学生倍增（6 万~12 万人）

续表

领域	列入"日本复兴战略"的主要增长目标
培育能源产业	培育能源产业：2020年前赢得约26万亿日元的市场 电力系统改革：创造规模约16万亿日元的新产业和就业机会 引入可再生能源：完善相关法规、推进制度改革 促进作为未来能源的海洋资源得以商业化发展
扩充健康医疗产业	扩大健康预防相关市场：从目前的4万亿日元增至10万亿日元（2020年）医疗相关产业的市场规模：从目前的12万亿日元增至16万亿日元（2020年） 建立医疗研究开发的权威机构"日本版NIH（国立卫生研究所）" 解除对网络销售一般药物的禁令

第三节 日本科技管理的特点

一、《科学技术基本法》为日本的科技政策制定了基本框架

1995年，日本颁布了《科学技术基本法》，提出将"科学技术创造立国"作为基本国策，强调要重视基础理论和基础技术的研发，从而在将振兴科技上升为法律的同时，为日本科技发展指明了方向。

1996年，日本政府根据《科学技术基本法》，制定了第一期《科学技术基本计划》（1996—2000）。尽管这期计划的一些目标未能实现，但是专家们一致认为，这期《科学技术基本计划》大大提高了日本科技的整体水平。

2001年，日本政府出台了第二期《科学技术基本计划》（2001—2005）。这期计划内容全面、重点突出。这个计划提出了三个目标，即依靠知识创造和技术的灵活运用为世界做出贡献的国家，具备国际竞争力的可持续发展的国家，人民安居乐业且生活质量高的国家。为实现这些目标，该计划将生物技术、信息技术、环境技术和纳米技术作为四个重点发展领域，并提出了多项措施确保这四个领域所需战略资源（人才、资金、设备）的落实。为保证各项目标得以实现，该计划除了将研

发经费从第一期计划的 17 万亿日元增加到 24 万亿日元以外，还提出要进行科技体制改革，涉及研发课题资金的分配、研究成果的评估，企业、国立科研机构和大学的合作以及成果转化体制等诸多方面。本期计划的另一个重要的特点就是不强调短期效益，而偏重于基础研究。

2006 年，日本开始实施第三期《科学技术基本计划》。根据这项计划，日本将继续增加对生命科学、信息技术、环境科学以及纳米和材料科学四个研究领域的经费；持续集中支持四个二级重点领域，即能量、制造技术、社会基础设施和前端科学。此外，本期计划还通过了许多措施以创造更具竞争性的研究环境，并计划打击不端的研究行为。

除了以上国家综合性科技发展计划外，日本还制订了一些专项科技发展计划，如《原子能研究、开发及利用长期计划》《日本生物技术战略大纲》《电子日本计划》《宇宙开发基本计划》《材料纳米技术计划》等。

日本将科技创新立为国策。1995 年，日本政府明确提出"科学技术创新立国"战略，力争由一个技术追赶型国家转变为科技领先的国家。进入 21 世纪之后，日本在科技领域出台了一系列重大举措，加大科技投入，加快科技体制改革步伐。2001 年，日本政府设立综合科学技术会议，作为日本首相的科技咨询机构和国家科技政策的最高决策机构；同年，日本为了提高科技创新能力和创新效益，将 89 个国立科研机构合并重组成为 59 个拥有较大自主权的独立行政法人机构，实行民营化管理；同年，日本还启动了科学技术基本计划，确定政府未来 5 年的科技投入将增至约 2400 亿美元，以期使日本成为能创造知识、灵活运用知识并为世界做出贡献的国家，成为有国际竞争能力可持续发展的国家；提出了 21 世纪初重点发展的科技领域，即生命科学、信息通信、环境科学、纳米材料、能源、制造技术、社会基础设施，以及以宇宙和海洋为主的前沿研究领域；同时，日本政府还强化了科技领域的竞争机制，加大对科技基础设施的投入，并出台相应的政策，培养和吸引国内外优秀人才进入科技领域。

二、构建政府主导型产学官合作网络

20世纪90年代泡沫经济后,日本政府提出了"科技驱动型"成长战略,开始真正实施产学官合作,并以连续实施的五期科学技术基本计划为主线,逐步建立起政府主导型产学官合作网络。

21世纪以来,日本的产学官合作模式均是在综合科学技术会议的整体部署,统一制订科学技术基本计划、组织各专业调查会及时评价并反馈信息、召开产学官合作会议渗透合作意识以及各省厅的通力合作下才得以顺利展开和有效运行,如图6-3所示。

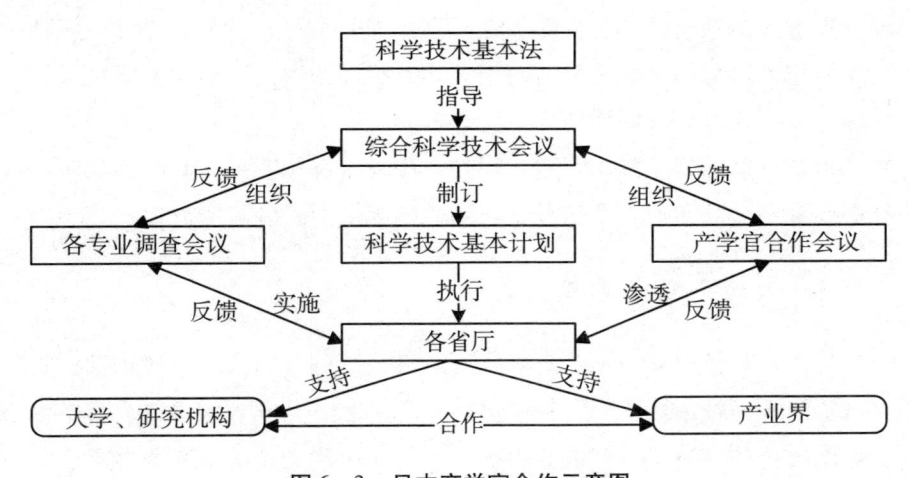

图6-3 日本产学官合作示意图

资料来源:公开资料,联盟整理。

在该合作网络中,"综合科学技术会议"作为最高科技决策机构通过制订科学技术基本计划推进产学官合作。

"综合科学技术会议"成立于2001年,由内阁总理大臣、相关大臣及有识之士构成,相关大臣包括科学技术政策大臣、财务大臣、文部科学大臣、经济产业大臣等,有识之士包括产业界3人、学术界4人以及日本学术会议会长。

"综合科学技术会议"主要职能包括制订科学技术基本计划,组织专业调查会议和产学官合作会议,等等。

2014年5月,日本政府将"综合科学技术会议"改组为"综合科学技术创新会议",更加重视"创新"在政策制定、科技预算方面发挥的推动作用。强化"综合科学技术创新会议"与日本经济再生本部、规制改革会议等领导部门的组织协调关系,消除部门条块分割,有效推动基础研究向产业化迅速转化。

"综合科学技术创新会议"设立"战略性创新创造计划""创新性研究开发推进计划"等科技计划。其中,"战略性创新创造计划"新设"科技创新创造推进费",重点支持能源、新一代基础设施、地域资源、健康长寿四个领域;"创新性研究开发推进计划",重点支持对经济社会产生重大影响的高风险、高回报、非连续性的项目,培养勇于挑战风险的人才,营造良好的创新环境,等等。

据第五期计划,日本将通过加强官产学研合作,建立共同的超智能社会服务平台,实现各个服务系统和业务系统之间的互通协作。

三、严谨的经费管理系统

日本公共科研体系主要由公共科研机构(国立、公立科研机构,独立行政法人和特殊行政法人科研机构)和国立、公立大学组成。日本政府资助的公共科研经费可以分为稳定支持的运营交付金和竞争性资金两大类,前者比重较大,后者近些年占比在10%左右。

科研机构要从政府获得运行经费,需要受两部法律的约束:一是《独立行政法人通则法》;二是独立行政法人个别法,如《独立行政法人理化学研究所法》。法人机构根据中期目标要求,拟订5年中期计划并编制业务经费预算,政府据此来拨付运营交付金,各省厅独立行政法人评价委员会审查同意并报财政部批准。科研机构将其经费用于人员和业务开支,以保证正常运营和科研活动。

国立大学法人由文部科学省遵照《国立大学法人法》进行管理,内容同科研机构类似。竞争性经费根据使用方式的不同分为直接经费和间接经费。直接经费是直接面向研究人员的科研补助，只限用于与研究相关的事宜，如物品费、差旅费、劳务费以及其他费用。间接经费是指面向接受资助的研究人员所属研究机构的科研补助，可用于改善研究人员的研究环境，提高机构的整体研究能力。

为了提升经费的运营效率，2015年，日本对独立行政法人研究机构和国立大学进行分类管理，针对定位不同赋予不同的经费申请、人事调配、人员薪酬等方面的自主支配权利。日本政府采取措施扩大经费来源，提出科研机构、大学通过产学研合作、吸引民间资金参与科研、吸纳社会捐赠、与国外开展共同研究等多种方式来充实基本运营经费。

为确保项目经费管理的独立、客观和中立，日本政府一般委托独立于政府部门的专业管理机构来组织管理日本的竞争性经费。专业管理机构主要包括学术振兴会、科技振兴机构和新能源产业技术综合开发机构，前两者受文部科学省监管，后者受经济产业省监管。三个机构均为独立行政法人，独立运行。其中，学术振兴会主要支持自下而上的自由探索研究，科技振兴机构主要支持自上而下的战略需求研究，这两个机构主要面向研究机构和大学；新能源产业技术综合开发机构主要面向企业招标，支持产业创新。

四、重视科技人才培养，建立国际性研究网络

日本2013年版的《科技白皮书》认为应丰富研究人员的海外经验，构建国际性研究网络。

日本还提出以教育科技改革、综合人才开发为主体的科学技术人才战略，并出台了旨在大量培养科技人才的"240万科技人才开发综合推进计划""21世纪卓越人才研究基地计划""科学技术人才培养综合计划"等。通过建立《基础科学特别研究员制度》和《科学技术特别研究员制度》等一系列措施，有效促进了国家教育科技管理机构的高效率和协调运转。

日本积极参与联合国组织的以及地区间的多种科技合作，以建立覆

盖全球的国际性研究网络。如《ARUMA 计划》就是日本国立天文台、美国国立科学财团、欧洲南方天文台在天文学领域的国际科技合作项目。此外，2016 年 4 月，在首相安倍主持的产业竞争力会议上，日本政府提出将放宽以外国经营者和研究者等为对象的永久居留权发放标准，将拥有"高等专业职"居留资格的高端人才的申请条件从目前须在日本生活 5 年放宽至不到 3 年，完善高等人才在日本的良好就业环境，从而提高日本经济的生产率和中长期经济成长力。

2016 年 5 月发布的第五期《科学技术基本计划》还特别提出要增加录用女性科研人员，并逐步增加目前约 4.4 万人的不满 40 岁的大学教员数量，未来把年轻教员占比提升至 30% 以上。

第四节　典型科技计划管理举例
——超大规模集成电路计划

超大规模集成电路（VLSI）计划是日本政府激励和组织企业开展创造性的合作研究活动中最早和最为成功的一个例子。

VLSI 计划在开始前，日本已经在半导体产业上具备了一定的发展基础。20 世纪 70 年代初，日本工业在许多方面已达到当时其他发达国家的水平，并且意识到依靠进口技术的道路已经没有什么前途，必须促进自己的基础科学和应用研究。如何将日本传统的产业结构从传统的重工业转向知识密集型产业是日本政府思考的重要问题，而半导体产业为中心的信息产业是知识密集型产业的核心，在半导体产业上占据优势，就会在计算机、电信以及其他电子工业占得先机。

在这样的思考下，日本电子工业振兴协会组织了下一代电子计算机所需的大规模集成电路开发问题的研讨会。这个研讨会在 1974—1975 年的一年多内每周举行一次，参加讨论会的有通产省的有关官员、各研究机构和大学的研究人员。这个会议上的很多想法对后来提出建立共同研究起了很大作用。

20世纪70年代中期，人们已经广泛认识到超大规模集成电路是未来计算机的关键，而此时，国外的研究进展让日本政府和企业界都感到压力很大，如果不赶快想办法，日本的计算机产业到了20世纪80年代就有被挤垮的危险。在这种形势下，通产省提出了设立公司之间合作开展共同研究的VLSI计划。

共同研究的好处在于可以避免重复，并且不同研究人员思想的碰撞可以互相启发，难点在于不同公司之间的利益协调。事实上各个公司之间业务有很大的交叉，不少公司都是实际或者潜在的竞争对手，各公司都愿意独自占有知识而不愿意让竞争对手从中获益，各参与公司都没有共同研究的实际经验。但是通产省坚定地要求开展共同研究，并以此作为资助公司的交换条件。

为了使参加的公司都能接受，通产省技术专家和官员充当共同研究的领导和协调者。VLSI计划于1976年3月正式启动，由通产省和富士通、日立、三菱、日本电气（NEC）和东芝5家生产计算机的大公司联合实施，政府和企业各分担一部分费用。"超大规模集成电路技术研究协会"由通产省所属的电子综合技术研究所牵头，与5家公司联合组成，设立共同研究所。研究组合的最高领导决策机构是理事会，由5家公司的领导及通产省的官员构成。共同研究所所长来自通产省电子技术综合研究所，由著名的半导体专家垂井康夫担任，负责研究的技术领导责任。

这一计划于1980年3月完成。这一时期，正是日本半导体产业飞速发展的时期，1978—1981年日本的16KRAM（随机存取存储器）已占到世界份额的40%；到1982年年底，日本的第一代超大规模集成电路的64KRAM已经占到国际市场的66%。VLSI计划的成功无疑对日本RAM在世界市场取得强劲的领先地位做出了巨大的贡献。在不断丧失市场的情况下，美国开始认真对待日本采取的措施，并且在国会举行了多次听证会，研究日本的成功经验。在这些听证的基础上，完成题为

《日本技术的进展和美国对运用共同研究（research joint ventures）的可能反应》的报告。报告写道："分委员会已经做出结论，日本在技术发展和国际竞争方面的成功来源于许多因素，包括政府的政策、劳动力、管理风格和日本的国家目标。"谈到日本政府的政策，报告指出："通产省成功地组织了大规模的研发事业。在20世纪70年代，最成功的就是通产省的超大规模集成电路计划。

通产省的资助超过整个计划投资的41%。这个计划成功的明证是：到1982年年底日本公司占据当时最先进的64KRAM芯片世界市场份额的66%（这一事实）。报告还特别地提到日本在这个领域成功的原因："在半导体工业方面，协同的研究（coordinated research）（部分由日本政府承诺）给了日本公司64KRAM芯片在世界市场的主要份额。"

现在看来，日本的超大规模集成电路计划无疑是成功的，其运用的机制与原则也有很多借鉴之处。如选题原则是选择那些超大规模集成电路技术开发所需的具有根本性、基础性、共同性的课题，即对各成员都会起作用的、必需的技术。5家公司有平等使用研究结果的权利，商业化开发则由各公司独自承担。这样的选题原则得到各家的承认。

按照参与开发研制的公司达成的协议，专利收入首先用于偿还政府的补贴，但是每项专利的长期权仍属于负责开发的公司。VLSI项目实行了4年并且获得了丰硕的研究成果，大约有1000项发明获得了专利。

超大规模集成电路技术的研发成功，开创了政府支持产业技术研究发展的新模式。日本在随后的一些计划中沿用了它的组织模式，美、英、法、西德、苏联以及中国都相继派考察团到有关公司了解情况。美国国防部率先学习超大规模集成电路技术研究组合的方式，从1979年开始执行一项为期6年的"超高速集成电路开发计划"，预算总投资为2.1亿美元。欧洲共同产业技术基础研究计划（Brite计划），韩国的"特定的研究发展事业"计划，建立了国家研究所和企业的共同研究发展体制，并且韩国半导体产业的发展也证明了该计划的成功。

参考文献

[1] 胡智慧,惠仲阳. 日本科技计划管理机制研究及启示 [J]. 全球科技经济瞭望, 2016, 31 (3): 28 – 34.

[2] 邹丽阳,谢峰. 美日科技计划管理体系研究与启示 [J]. 中国科技信息, 2014, (24): 50 – 51.

[3] 宁凌,李家道. 美日英科技服务业激励政策的比较分析及启示 [J]. 科技管理研究, 2011, 31 (10): 26 – 30.

[4] 王海燕,冷伏海,吴霞. 日本科技规划管理及相关问题研究 [J]. 科技管理研究, 2013, (15): 29 – 32.

[5] 苔莎·莫里斯 – 铃木. 日本的技术变革: 从十七世纪到二十一世纪 [M]. 马春文,项卫星,李玉蓉,译. 北京: 中国经济出版社, 2002.

[6] 郁国民. 对韩国科技政策的回顾和反思 [J]. 科技政策与改革动向, 1998, (13).

第七章

韩国的科技战略及其管理机制

第一节　韩国的科技管理体制

韩国是典型的以政府主导推动创新驱动发展为模式的亚洲国家，政府主要通过宏观战略指导与协调、税收优惠政策支持、技术研发资金支持、成果推广支持等手段推进和完善国家创新系统。韩国新政府确立了以"实现以创造就业为核心的创造型经济"为首的五大国政目标，提出通过创新发展科技，营造创造型经济发展环境，强化国家经济增长引擎。

从组织构架上来看，韩国采取的是典型的政府主导型的科技发展模式，科学技术委员会是国家科技发展的宏观决策部门。韩国政府在科技管理的进程中显示了强大的行政推动、政策引导力量，总统直接领衔的国家科学技术委员会作为国家科技管理体系中最高的政策审议与协调机构，负责研究制定国家重大科技决策。科学技术部的升格，体现韩国政府将科技管理提升到国家层面的高度，进一步强化了科学技术部作为科技主管部门的宏观决策和计划调控职能。韩国的科技管理组织体系，如图7-1所示。

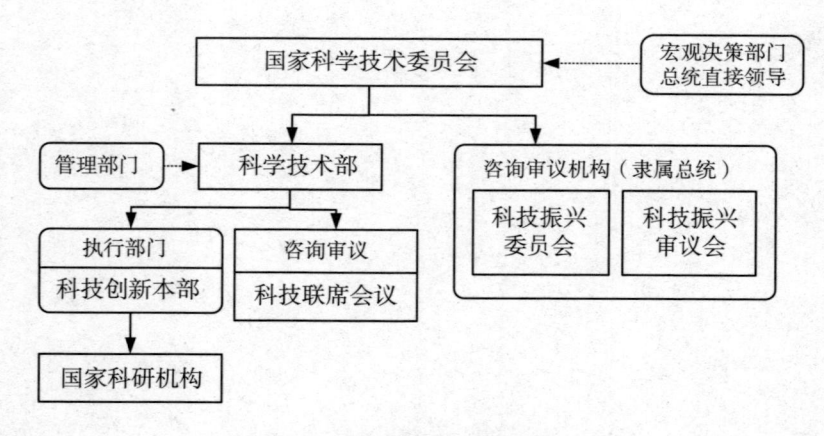

图7-1　韩国的科技管理组织体系

韩国曾是典型的"拿来主义"者，其企业的技术基础，主要是通过集中引进外国技术并加以消化吸收形成的。这种模仿创新具有投资少、风险小、见效快的特点，它使韩国的技术水平一跃而起，超出了中等发达国家水平而接近发达国家水平。经过多年的发展，韩国已初步形成了以企业为开发主体，国家承担基础、先导、公益研究和战略储备技术开发，产学研结合以及有健全法律保障的国家创新体系。从发展历程来看，韩国科技发展大致经历了以下几个阶段：

第一次变革。韩国的科技发展经历了由"引进模仿"到"科技创新"，由"工业立国"到"科技立国"的转变过程。20世纪90年代末，韩国对科技管理机构进行了一次重大改组，科学技术处升级为科学技术部，科技管理部门的地位和管理权力发生了巨大的变化，科技部长官的排位从各部长官的末席（24个部）一举跃升至第8位，在经济部门中仅次于财政经济部，位居第2位；管理范围不再限于宏观政策的制定、实施，还涉及对各部门研究机构的管理、协调，人才培养、信息扩散和成果转化等业务，以及部门间科技政策的协调和落实情况的监督。至此，韩国初步形成了以国家科学技术委员会与科学技术部为中心，产业资源部、信息通信部、国家科学技术审议委员会和国家科学技术咨询委员会参与、辅助的科技管理体制。

第二次变革。进入21世纪，韩国经济社会发展的基本目标是建立创新主导的经济结构以及建设科技中心社会。为及时迎合韩国经济增长模式，韩国政府对科技管理体制进行了再一次改革，当时的大环境下，进一步提升科学技术部的地位和权力显得尤为重要。距离第一次变革6年后，科学技术部正式升格为副总理级国家机构，科学技术部部长的排位仅次于财政经济副总理和教育副总理的位置。

第三次变革。2008年，新一届李明博政府取消了已延续了40多年的科技管理的模式和思路，将科技部与教育部结合，设立了教育科学技术部，同时将产业资源部、信息产业部等部门合并为知识经济部。教育科学技术部和知识经济部分别负责主管基础科学和产业技术两大门类科技创新事务的管理部门以及对口科研方向的各研究机构。

第四次变革。2013年，韩国树立了面向未来的"创新经济"发展目标，时任总统的朴槿惠重组了上一任政府的教育科学技术部，再次把科技部门单独列出，设立未来创造科学部，成为韩国政府中排名第二的部门，仅次于由副总理领导的企划财政部。进入后金融危机时代，韩国政府再次将科技管理机构的地位提升到一个历史最高的层次，足以体现政府着重强调科技发展促进经济的重要作用。

第二节 韩国科技计划的组织实施

在科技管理方面，韩国属于典型的集中型管理模式，科技规划的制定、执行和评估都集中于政府部门之中。1960年到2013年，韩国政府先后多次对科技管理机构进行了改组，始终没有动摇韩国政府在科技管理中的主导的地位。管理权力的高度集中，有效保证了科技政策和科技活动的顺利开展和运行。

国家科学技术审议会是韩国科技管理领域的最高决策机构，负责制定国家研发预算调整和分配的指导方针。在部委层面，未来创造科学部是韩国主管科技创新业务的管理部门，企划财政部是政府预算财政部门。

根据《国家财政法》和《科学技术基本法》的相关规定，韩国各部委在每年年初根据上一年的科技预算执行情况和当年的经费预算，提交下一年的科技计划预算建议，国家科学技术审议会和企划财政部联合审议各部委的预算规划后上报国会，由国会在每年年底表决通过下一年度预算分配方案。

近几年，韩国政府出台了不少科技计划，主要方向为保持韩国优势领域的竞争地位，培育新的优势产业。近年韩国科技计划/政策汇总，如表7-1所示。

表 7-1 近年韩国科技计划/政策汇总（部分）

科技计划	发布时间	发布机构	要点
《空间开发中长期计划》	2013 年 11 月	韩国政府	到 2020 年重点强化独立进行空间开发的能力，并重点推进空间技术产业化；强化航空产业出口竞争力，重点推进核心零部件、维修服务的出口；重点推进海洋安全管理体系高度发展，改善应对气候变化的海洋生态环境管理技术，以及加强核心领域的研发
第六次产业技术创新计划	2013 年 12 月	韩国政府	相当于韩国版 5 年计划，提出 2014—2018 年韩国中长期产业技术相关战略远景、政策目标、方向及核心推进战略。此次新产业技术创新计划还提出了两大战略目标，分别是：通过强化科研创新主体的能力及相互联系合作，激发产业技术生态活力；通过提高产业技术能力，确立主力产业及新产业的全球产业竞争力 制订了技术开发、全球技术合作、技术商业化、技术基础设施、地方技术基础、技术人才培养、技术文化扩大 7 大领域的 23 项具体指标
《未来增长动力落实计划》	2014 年 3 月	韩国政府	李明博政府在 2009 年曾制定了《新增长动力产业规划及发展战略》，朴槿惠政府 2013 年 3 月组建"未来创造科学部"以推进创造经济发展，此次计划对有望带动韩国经济发展的十三大未来增长动力行业提出了具体的落实推进计划 面向 2020 年开展了产业发展的具体规划，提出将重点扶持中小企业及高新技术风险投资，提高零部件及材料国产化实力，并将尽力提供相应技术指导，协助企业建立开放型的全球合作伙伴关系
《制造业创新 3.0》及《制造业创新 3.0 战略实施方案》	2014 年 6 月和 2015 年 3 月	韩国政府	相当于韩国版"工业 4.0"计划。韩国政府希望能以政策来主导制造业的革新，创造新的产业融合，促进制造业与信息技术相融合，从而创造出新产业。在 2020 年之前，韩国将打造 1 万个智能生产工厂，将 20 人以上的工厂总量的 1/3 都改造为智能工厂。

续表

科技计划	发布时间	发布机构	要点
《制造业创新3.0》及《制造业创新3.0战略实施方案》	2014年6月和2015年3月	韩国政府	韩国将扶持和培育相对处于弱势地位的中小企业作为重点方向之一，通过对中小制造企业的智能化改造。《制造业创新3.0战略行动方案》提出，针对当前韩国制造业在工程工艺、设计、软件服务、关键材料和零部件研发、人员储备等领域的薄弱环节，大力投入，以取得重要突破。到2017年前，投资1万亿韩元研发3D打印、大数据、物联网等8项核心智能制造技术，缩小与相关技术领先国家的差距
韩国纳米创新2025	2016年	国家科学技术审议会，审议通过了未来创造科学部、产业通商资源部等十部门共同起草的相关文件	以"把韩国发展成为以技术创新促进可持续发展的纳米技术领先国家"为发展蓝图，计划到2025年实现以下目标：在研发方面，确保制造业领先技术，使韩国纳米技术水平达到美国的92%，骨干研究人员达到1.2万名。在产业化方面，把韩国发展成为纳米技术产业化强国，使纳米融合产品销售额比重达到12%，纳米融合企业数量达到1000家
《2018政府研究开发投资方向报告》	2017年3月	韩国未来创造科学部	制定了2018年年度韩国政府研究开发投资的基本方向，包括三大愿景和九大重点投资方向，并将研究开发内容具体布局到十大技术领域

资料来源：公开资料，联盟整理。

韩国政府在战略设计上十分注重韩国的基本国情，并且密切注意发达国家和新兴经济体的科技动向，为本国的科技战略规划提供借鉴。

第三节 韩国科技管理的特点

一、完善立法来促进科技管理体系的完善

韩国政府各部委一般不直接管理国家级研发计划，而是委托各种专业的管理机构进行管理，为了保障科技管理的有效性，韩国十分重视科

技管理的法律依据。

首先是通过立法，对科技管理机构组建、科技管理政策制定、科技管理具体过程明确了法律保障、支持及约束，包括科技管理机构成立的法律基础、机构担负的义务和责任。例如，1963年为确保人力资源发挥作用制定《技术士法》；1967年颁布《科学技术振兴法》以提升科技水平，颁布《科学教育振兴法》以推动教育发展；20世纪90年代全面注重创新，先后颁布《合作研究开发促进法》（1994）、《科学技术创新特别法》（1996）等立法。其次是通过修订已有的法律法规，完善管理体制，提升管理效率。例如，2004年，韩国政府通过修订《政府组织法》和《科学技术基本法》对延续30多年的科技体制进行了重新设计，把科技部长提升为副总理级，并在科技部下成立科技创新本部（副部级），将各部门研究机构的管理、协调，以及人才培养、信息扩散和成果转化等业务划归科技部管理。

二、重视对基础领域的持续投入

20世纪60—70年代，韩国以引进吸收技术的方式作为科技发展的主要动力，该阶段研发投入总量少、强度低。到了20世纪80年代，韩国开始注重发展资金密集型和知识密集型产业，研发投资比重较之前有了大幅度的增长。

自1978年开始每年制订"基础科学研究实施计划"。宏观层面上，韩国基础研究经费的投入和使用主体都是企业，虽然企业基础研究的经费只占到自身R&D总经费比例的约10%，大部分研发经费还是以应用和试验为主，但却占到了全国总基础研究经费的50%甚至以上。韩国政府以科技部和教育部为主，结合其他部门展开基础研究工作。从1978年开始每年制订"基础科学研究实施计划"，后陆续颁布了《学术振兴法》（1979年）、《基础科学研究振兴法》（1989年），1990年11月颁布了总统令《基础科学研究振兴法施行令》（总统令、1990年）。1994年颁布的《基础科学研究振兴综合计划》，对科技部及其他有关部门的实施分工进行了明确说明:科技部负责基础研究、共同基础技术研究、社会公益研究和大科学等;教育部负责人才的培育、边缘学科研究等;其他相关部门负责与本部门业务相关的基础技术研究、应用技术开发等。

2001—2015年,韩国基础研发投入占研发投入总量的平均比例为16.2%,美国这一指标值是18.0%。2005—2015年我国该比例为4.8%,相差较大。

三、企业成为科技创新的主体

20世纪80年代,韩国政府实施"科技立国"战略,鼓励企业技术创新,技术自主成为主旋律。韩国企业纷纷在内部设立技术研究机构,一改从前政府主导技术研发的局面,不仅企业附设的技术研究所由20世纪80年代初的47家猛增至1999年的4121家,而且企业的研发投入也在呈指数级增长。以三星为例,不但在全球范围内引入高水平的技术研发人才,而且根据公司的长期发展需要相继于1986年、1987年成立三星经济研究院(SERI)与三星综合技术研究院(SAIT)。如此,依托其设计研发能力,三星的业务范围拓展到电子、半导体、高分子化学、基因工程、光纤通信、航空,以及从纳米技术到先进的网络结构等更广阔的领域。

如今,韩国企业研发投入在全球来看依然占比较高。2016年年度全球研发投入100强企业排行榜中,韩国企业有4家,分别是三星电子、LG电子、现代汽车和SK海力士,且三星电子位列世界第二名。2017年年度全球研发投入100强企业排行榜中,三星电子以143亿美元的企业研发投入排世界第四位,LG电子排名第50位,现代汽车和SK海力士分别排在第77位和第83位。

2013年12月,韩国公布了"第六次产业技术创新计划(2014—2018年)",今后5年产业通商资源部将为该计划投资17.8万亿韩元(约1010亿元人民币)。该计划提出了"建设良性循环的产业技术生态系统，跻身产业强国之列"的愿景。一方面，通过加强研发创新主体力量及相互联系合作，使产业技术生态系统充满活力。目标是，到2018年，韩国出口额超1亿美元的国际专业企业数量由2012年的217家增至400家，大学和研究机构研发支出中企业承担的比重由2011年的2.7%提高至5%，每万名研究人员三方专利数量世界排名由2011年的第12位提升至第5位。另一方面，提高产业技术创新能力，确保主导产业和新兴产业的全球竞争力。目标是，到2018年，韩国产业技术水平由2013年为发达国家的79.2%提升至90.4%，主导产业世界市场占有率由2013年的9.2%增至11.6%，高技术产业占出口比重由2011年的25.2%提高至35%。

四、严格地实施产权保护体系

韩国政府一向十分重视知识产权，不仅出台了《知识产权强国实现战略》（以下简称《战略》），而且成立了总统直属的国家知识产权委员会，对知识产权强国战略进行全面谋划，推动实施进程。日常的知识产权事务管理，国家层面主要由韩国特许厅负责。其他涉及知识产权保护的行政部门还包括：主要负责版权保护及相关事宜的文化观光部、主要负责计算机软件的信息通信部，以及韩国政府下设的各类审议调解委员会和特许厅下设的知识产权复审委员会，等等。司法、执法部门有专利法院和法院、检察厅、警察厅；此外，海关、产业通商资源部贸易委员会也担负保护知识产权的职责，具有部分行政执法权。同时，在韩国各级政府及政府驻外机构中，也都设有知识产权管理机构、管理人员或联络人员，由此奠定了在地方和海外及时有效处理知识产权事务的管理基础。

2011年4月29日，韩国国会全体会议通过《知识产权基本法》。按照该法规定，韩国成立了国家知识产权委员会，开展了制定国家知识产权基本规划等工作，成为韩国国家知识产权战略实施的支柱。该法规定，为促进专利的转化，技术转让和商业化预算占国家研发预算比例将由此前的 0.7% 提高到 2013 年的 3%，2017 年提高到 5%，在亚洲国家中首屈一指。

韩国特许厅通过改革管理体系以及完善知识产权法律体系、加强审查能力建设等一系列措施，于 2015 年成功实现将发明专利和实用新型的一通审查时间缩短至 10 个月，外观设计为 4.4 个月，商标为 4.7 个月。与上年度相比，分别减少了 1 个月、1.1 个月和 0.7 个月，审查速度进入世界前列。此外，一些加强知识产权保护、运用的事务性工作委托韩国知识产权保护院、韩国发明振兴会等机构组织具体实施。

韩国知识产权保护种类主要有发明专利、实用新型（其实用新型是指一个产品的形状、结构或它们的组合）、外观设计、商标及服务标志、版权、商业秘密、计算机程序、半导体集成电路布图设计和数据库以及新植物品种等。韩国在知识产权保护方面已经形成了一套较为完善的法律制度体系。其中主要包括专利法、实用新型法、外观设计法、商标法、著作权法、计算机程序保护法、半导体集成电路设计法、防止不正当竞争与商业秘密保护法、种子产业法、海关法等。

通过一系列体系建设，韩国把加强知识产权保护和运用作为工作重点，积极参与知识产权国际规则的调整，大力发展知识密集型产业，推动了韩国向知识产权强国转变的步伐。钢铁、汽车、造船、电子、纺织等知识密集型产业成为韩国经济的支柱产业。在 2007 年，韩国的人均国民生产总值（GNP）就已经达到 1.5 万美元，进入发达国家行列。

第四节　典型科技计划管理举例
——韩国科学技术基本计划

1999 年之前，韩国的国家科技管理体制实行分散管理，即各部委单独列计划，分别进行预算申请，这样往往造成国家计划的重复设置。为改变这种情况，韩国政府需要确定科学技术的中长期发展方向、目标及政策。为此，根据《科学技术基本法》第 7 条，科学技术信息通信部每 5 年综合中央相关行政机关科技计划和措施，制订科学技术基本计划并交由国家科学技术审议会审议决定。

韩国科学技术计划评价院（KISTEP）在韩国科学技术基本计划的制订中发挥着重要作用。该机构建于 1987 年，当时为韩国科学技术研究院所属的科学技术政策评价中心。2001 年 7 月，根据《科学技术基本法》第 20 条规定，扩大改编为韩国科学技术计划评价院。该院的主要职能包括：制订国家科技战略与规划，对国家研发计划进行预算分配和协调，承担对国家研发计划的调查、分析、评价和成果管理等职能。韩国第二次、第三次科学技术基本计划均由该院主要参与并制作完成。

韩国政府迄今共实施了四次科学基本计划。2013 年 7 月朴槿惠政府发布《第三期科学技术基本计划（2013—2017）》。该计划的核心目标是：使研发对经济增长的贡献率由 1981—2010 年的 35.4% 提高至 2013—2017 年的 40%；创造 64 万个新的就业岗位；到 2017 年，科技创新综合指数（COSTII 指数）排名由 2012 年的第 9 位上升至第 7 位。计划提出了提高科学技术水平的五大战略，强调将继续追求经济增长，提高人民生活质量，促进研发成果技术转移和商业化，推动就业创造。

在此次基本计划中，韩国政府规划了"用创新性科学技术开创新时代"的愿景蓝图并提出五大实施战略：

（一）加大国家研发投资力度，提高投资效率

使研发预算规模达到 92.4 万亿韩元（约合 830 亿美元），比《第二期科学技术基本计划（2008–2012）》的研发投资高出 24.4 万亿韩元。同时，对现有投资项目进行重新审查，整合类似或重复项目，减少预算浪费。

（二）开发国家战略技术

韩国新一期科学技术基本计划提出，将在五大领域推进 120 项国家

战略技术（含 30 项重点技术）的开发。五大领域包括：融合信息技术并创造新产业，扩充未来增长动力，营造清洁舒适的环境，开创健康长寿时代，构建安全无忧的社会。

（三）强化中长期创新能力

强化中长期创新能力，包括以下措施：振兴创新性基础研究，培养和使用创意及融合型人才，利用研究所的科研基础设施和资本扶持中小企业，扩大人力资本支出所占比重以及加强科技国际化合作，等等。努力构建新型区域创新体系，包括：促进地区产学研合作，推动具有地区特色的技术商业化发展；培养地区定制型人才；扩大地区研发投资，研究引进一揽子补助方式整合中央和地区研发支持体系，构建隶属地方的研发计划管理组织，激活地区科技委员会，营造创造性的科学文化。

（四）积极发掘新产业

扩大韩国政府研发预算中对中小企业的投资比重，支持中小企业、风险企业开展技术创新，完善知识产权司法保护体系以及推动技术转移和商业化，等等。

（五）利用科技带动就业

构建创业主体分类支持体系，营造技术创业生态系统。创造新的科技就业岗位。包括以下措施：培养研发服务专业人才，扩大研发辅助人员的聘用；加强政府研发支持与就业的联系，引导企业雇用与政府研发支持规模相称的研发人员，并扩大理工科人才中介中心的职能，等等。

2018 年 2 月，韩国科学技术审议会（该机构 2018 年 4 月并入科学技术咨询会议）审议并通过了第四次科学技术基本计划草案。此次国家科学技术基本计划以 2040 年的未来愿景为目标，设定了 2018—2022 年韩国的科技发展目标，强调"以人为本"，共设立了四大战略：扩充科研实力以应对未来挑战，构建积极创新的科技发展环境，创造先导型新企业和新的科技岗位,利用科学技术创造人人幸福的美好生活。该计划还提出了120项重点科学技术,与之前相比增加了人工智能(AI)、智慧型城市、3D印刷和应对污染等12项技术。

参考文献

[1] 张赤东. 韩国创新赶超的"三步走"成功路径与政策启示 [J]. 全球科技经济瞭望, 2016, 31 (8): 27-32-60.

[2] 罗梓超, 吕志坚, 张兴隆. 韩国科技与产业创新政策浅析 [J]. 全球科技经济瞭望, 2015, 30 (4): 28-35.

[3] 曲婷. 韩国创新人才培养经验及其对中国的启示 [J]. 中国科技论坛, 2012, (3): 156-160.

[4] 杨蕊. 韩国"科技立国"战略及其对中国建设创新型国家的启示 [D]. 长春: 吉林大学, 2007.

[5] 王子苓. 谈韩国科学高级中学的若干特点 [J]. 合肥师范学院学报, 2011, 29 (6): 118-121.

[6] 刘昌明. 韩国科技的崛起与跨世纪发展战略 [J]. 当代韩国, 1997, (1): 70-74.

[7] 张楠. 韩国国家大型科研项目事前可行性评估体系研究 [J]. 全球科技经济瞭望, 2008, 23 (8): 46-49.

[8] 牛盼强, 谢富纪. 韩国建设创新型国家的特色及对我国的启示 [J]. 科学管理研究, 2009, 27 (1): 117-120.

[9] 孔娜. 韩国、新加坡引进高层次人才战略现状分析及对我国的启示 [J]. 科技信息, 2012, (14): 83-84.

第八章
我国的科技战略及管理机制

第一节 我国的科技管理体制演变

科技体制是指对科学技术的机构设置、管理研究、职责范围、权利义务关系的一整套国家层面的结构体系和制度设置。我国的科技管理体制成型于 20 世纪 50 年代，初期具有浓重的计划经济体制色彩，政府拥有独立研究机构的技术和资源。随着我国改革开放进程的加快和社会主义市场经济体制的逐步建立，原有科技体制弊端日益突出，我国的科研管理体制也随之进行了改革，经历了多次变革，最终形成了当前的科技管理组织结构和科技管理体制。

总体来看，我国的科技管理体制是中央集中统一管理的模式。我国的科技管理体制改革大致可以划分为以下几个阶段：1949—1977 年，科技管理体制的建立和曲折发展阶段；1978—1985 年的恢复和重建阶段；1986—1998 年的全面深化改革阶段；1999 年至今，科技管理体制改革进入国家创新体系建设时期。

一、科技管理体制建立和曲折发展阶段（1949—1977 年）

在这一阶段，我国的科技管理体制具有浓重的计划经济色彩，管理方式高度集中。企业、科研院所、高校、国防科研相互独立，运用行政的力量来推动科技技术体系的建立，部署科技活动、配置科技资源，相应的组织结构按照功能和行政隶属关系严格分工，政府是科技资源的投入主体。

1949 年 9 月，《建立人民科学院草案》确立了中科院的基本框架。1949 年 9 月 27 日，中国人民政治协商会议第一届全体会议决议通过了《中央人民政府组织法》，据此在政务院（1954 年以后改称"国务院"）下面设立"科学院"，来行使管理全国科学研究事业的职能。

1952年，国家计划委员会成立。1955年6月，中国科学院（以下简称中科院）学部在北京成立，成立了四个学部。在科技人才队伍建设方面，这一阶段我国主要采取对旧中国知识分子实行留用、争取侨居海外的科学家回国，另通过《高等学校暂行规定》、《专科学校暂行规定》等文件，实施自主培养科技人才，等等。到1955年年底，我国以苏联为榜样，初步建立了以科学院为中心，以政府部门和高校科研机构为辅助的科技新体制。

1956年是中国科技政策史上非常重要的年份。一是根据世界新科技革命已现端倪、威力日显的形势，召开了关于知识分子问题的会议，发出了"向科学进军"的号召，阐明了对知识分子的政策。二是成立了国家科学规划委员会和国家技术委员会（1956年5月），二者于1958年合并成为中国科学技术委员会（即国家科委）。三是组织制定了我国第一个全国性的科技发展远景规划，即《一九五六至一九六七年科学技术发展远景规划》，它标志着中国科技走上了以科技政策为指导的有计划的发展道路。

1961年，我国拟订了当时被誉为"科技宪法"的《关于自然科学研究机构当前工作的十四条意见》，极大地提高了科学界的积极性。

1966—1976年，中国经历"文化大革命"，出现了撤销科技管理部门、肢解科技管理和科研机构、否定基础研究、遣散科研人员、解散高等院校、毁弃仪器设备和情报资料的情况，"文革"期间的中国科技管理组织结构的决策机制更简单，管理权限更为集中，但管理的效率却更为低下，管理职能划分也较为混乱。中国科技事业蒙受巨大损失。

1976年，粉碎"四人帮"为科技政策转折发展创造了政治前提条件。1977年，邓小平主管科技和教育工作，并发表《关于科学和教育工作的几点意见》的讲话，提出"要实现现代化，关键是科学技术要能上去"，这个讲话将科学技术的重要作用提高到战略高度，揭开了科技事业拨乱反正的序幕，标志着中国科技政策历史性的转折点的开始。同年9月，重建了国家科委，1977年底至第二年年始，制定了《1978

年—1985年全国科学技术发展规划》，确定了包括农业、能源、材料等在内的8个重点发展领域，提出了"学习外国，洋为中用"的开放措施。

这一阶段的科技管理组织结构较为简单，上下层关系已经初步形成，科技管理的职能主要由中科院和国家科学技术委员会执行。但是这种简单的科技管理组织结构只能适应当时中华人民共和国刚建立的情况，随着社会、经济和科技的发展，其管理混乱、管理工作繁忙、管理效率降低的缺点会逐渐显现出来。

二、科技管理体制恢复和重建阶段（1978—1985年）

"文革"之后，国内的各领域管理工作开始逐渐恢复，以1978年3月全国科学大会为标志，我国科技发展进入了一个全新的时期，也是我国科技政策发展史上重要的制度法规建设期。

这一时期科技方针政策演变主要体现在以下几个方面：第一，确立"科学技术是第一生产力"的指导思想。第二，提出"尊重知识，尊重人才"政策，中组部印发《关于落实党的知识分子政策的几点意见》。第三，通过《1978—1985年全国科学技术发展规划纲要（草案）》。提出我国科学技术工作8年奋斗目标。第四，调整科技政策发展的战略方针。1981年4月，面对世界新产业革命的挑战，国家科委在《关于我国科学技术发展方针的汇报提纲》中提出"科学技术必须为经济建设服务，科技与经济、社会协调发展"的科技发展新方针。

1982年，国务院成立了国防科学技术工业委员会，承担国防科研项目的管理职能。同年，中国科学院设立自然科学基金，它是国家自然科学基金委员会的前身。同年，第一个国家科技发展计划——由计委、科委牵头的"科技攻关计划"开始实施。

三、科技管理体制全面深化改革阶段（1986—1998年）

1985年，国务院颁布《中共中央关于科学技术体制改革的决定》，我国科技体制改革正式启动。在此背景下，我国科技政策进入蓬勃兴旺的发展时期。

1986 年开始的改革拨款制度，是科研体制改革的一项重要内容。拨款制度的改革，使科研机构改变了研究经费单一依靠国家拨款、科研任务单纯由上级下达、科研成果不受经济和和社会需要的制约和检验的状况。促使科研财务管理由行政事业预算型向科研课题全成本核算制和科研生产经营型转变。1986 年，国家自然科学基金委员会成立，中国科学院基金资助项目也自此全部转入国家自然科学基金渠道。

进入 20 世纪 90 年代我国开始实施"攀登计划"，提出"攀登科学技术高峰"。概括这一阶段国家科技政策的主要特点，即"引入市场与竞争机制，放活科研人员"。

1992—1998 年，我国的科技管理体制进入调整创新阶段。1992 年以邓小平"南方谈话"为标志，中国经济体制迈入了社会主义市场经济新阶段。同年，国家科委制定《关于分流人才，调整结构，进一步深化科技体制改革的若干意见》，提出分流调整的基本方针是"稳住一头，放开一片"，开始了以结构调整、人才分流、机制转变为重点的系统改革试点工作。1993 年 7 月，全国人大通过了我国第一部科学技术基本法——《中华人民共和国科学技术进步法》。1994 年，国家科委、国家体改委联合发布《适应社会主义市场经济发展，深化科技体制改革实施要点》，明确改革重点是改变传统科研机构重叠、科技力量分散和科技工作低水平重复建设的状况，实现科技资源的合理优化配置。1995 年，中共中央、国务院再一次对科技体制改革和科技政策进行了顶层设计，颁布了《中共中央、国务院关于加速科学技术进步的决定》。

1996 年国务院颁布了《关于"九五"期间深化科学技术体制改革的决定》，提出在"九五"期间初步建立适应社会主义市场经济体制和科技自身发展规律的科技体制，建立以企业为主体、产学研相结合的技术开发体系和以科研机构、高等学校为主的科学研究体系以及社会化的科技服务体系。

1993年国家教委在高等教育系统开始实施"211工程";1996年国家开始实施针对企业的"技术创新工程";1998年开始在中国科学院试点"知识创新工程"。这三大工程的实施,标志着我国创新系统格局初步形成。

这一时期,国家计划资助的方式日益多元化。相应的国家科技管理组织体系分工细化,在上下级划分、专门领域管理、军口与民口等领域都有专门的机构进行管理。但是,由于缺少统筹管理的部门和制度,可能产生管理方面的协调问题。

四、国家创新体系建设时期(1999年至今)

1997年9月,中共十五大召开,又一次强调了科技进步的重要性,同时也促成了1998年的科技体制改革。在1998年的科技体制改革中,国务院为了解决科技管理中缺少统筹管理的部门和制度的问题,减少多部门管理时可能产生的管理矛盾,于1998年6月成立了国家科技教育领导小组,重视和加强对科技工作的宏观指导和整体协调。

1999年,由国务院办公厅转发的科技部等七部委《关于促进科技成果转化的若干规定》《关于深化转制科研机构产权制度改革的若干意见》《关于进一步加强原始创新能力的若干意见》《关于建立风险投资机制的若干意见》《关于加强技术创新,发展高科技,实现产业化的决定》等政策的发布,以及科技型中小企业创新基金的设立,使我国科技政策一步体系进一步完善,并极大地调动了科技人员的积极性,推进了科技成果转化。在此基础上,2001年,制定并颁布实施《国民经济和社会发展第十个五年计划科技教育发展规划(科技发展规划)》。

2006年2月,国务院发布了《国家中长期科学和技术发展规划纲要(2006—2020年)》(以下简称《纲要》)。该《纲要》是中国市场经济体制基本建立及加入世贸组织后的首个国家科技规划。为配合该《纲要》的顺利实施,2006年2月,国务院印发《实施<国家中长期科学和技术发展规划纲要(2006—2020年)>若干配套政策》(国发

（2006）6号）。从增加科技投入、加强税收激励、金融支持、利用政府采购扶持自主创新、支持引进消化吸收再创新、创造和保护知识产权、加快创新人才队伍培养和建设、发挥教育与科普对创新的促进作用、建设科技创新基地与平台、加强统筹协调十个方面提出了创新政策框架，共60条基本政策措施。同时，党中央和国务院做出了《关于实施科技规划纲要、增强自主创新能力的决定》，明确提出今后十五年科技工作的指导方针，即"自主创新，重点跨越，支撑发展，引领未来"。

2007年12月，十届全国人大常委会第三十一次会议审议通过修订后的《中华人民共和国科学技术进步法》。该法修订后把新时期国家发展科学技术的目标、方针、战略上升为法律，为实施《国家中长期科学和技术发展规划纲要（2006—2020年）》、提高自主创新能力、建设创新型国家提供了重要的法律保障。2008年12月，为加快推进自主创新成果产业化，提高产业核心竞争力，促进高新技术产业的发展，国家发展改革委员会、科技部等9部委联合制定了《关于促进自主创新成果产业化若干政策》。2009年，为转变经济发展方式，进一步促进我国中小企业的健康发展，国务院颁布和实施《关于进一步促进中小企业发展的若干意见》。同时，为抢占新一轮经济和科技发展制高点，2010年，国务院又发布实施《关于加快培育和发展战略性新兴产业的决定》，提出按照科学发展观的要求，抓住机遇，明确方向，突出重点，加快培育和发展战略性新兴产业。

2008年，国务院机构改革工作落实，科技部被赋予了科技工作统筹协调的管理职能。2014年，我国进行了新一轮的科技体制改革。2015年，国家科技计划管理部际联席会议制度被批准成立，统筹管理的特点更加凸显。2017年，经过3年的改革过渡，我国科技体制顶层设计取得决定性进展。建立公开统一的国家科技管理平台，解决条块分割、资源配置"碎片化"问题；近百项科技计划优化整合，解决分散重复、封闭低效等问题。与改革前相比，国家目标导向的科技计划更加有效地瞄准重点领域、聚焦重大任务，全链条创新设计一体化组织实施，立项门槛明显提高，数量大幅减少，资助力度显著增强。

当前我国科技管理组织结构，如图8-1所示。

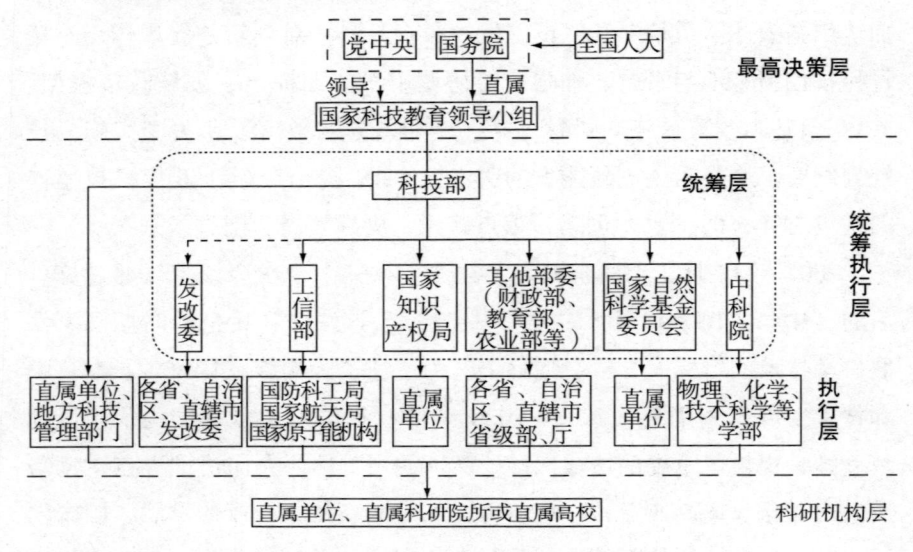

图8-1 当前我国科技管理组织结构

就目前而言，我国科技管理组织结构的多层次、多部门、多分工特点较1998年以前更为明显和完整，科技管理的职能在不同层级和不同部门间有所分工和差异，整个科技管理的组织结构和职能体系逐步完善，科技资源的配置体系也逐渐完善，科技管理部门的职能分工更加明确和精细，同时也有统筹部门的设置，以适应当前庞大的经济总量和日益增长的科技投入总量。

目前，我国已经初步建成公开统一的国家科技管理平台，由31个部门组成的国家科技计划管理部际联席会议制度，已成为凝聚共识、支撑决策的重要平台。原有分散的100项科技计划已优化整合了89项，形成了由国家自然科学基金、国家科技重大专项、国家重点研发计划、技术创新引导专项、基地和人才专项构成的5类科技计划基本格局。新的科技项目实行产学研用一体化组织实施，重点研发专项共计59个，截至2017年年底已启动42个。此外，改革完善科研项目资金管理制度，更多下放经费管理权限，实施精简高效监管。

党的十八大提出实施创新驱动发展战略，强调科技创新是提高社会生产力和综合国力的战略支撑，必须摆在国家发展全局的核心位置。2016年5月，中共中央、国务院印发了《国家创新驱动发展战略纲要》。

十九大报告提出加快建设创新型国家。报告提出，从2020年到2035年，在全面建成小康社会的基础上，再奋斗15年，基本实现社会主义现代化。到那时，我国经济实力、科技实力将大幅跃升，跻身创新型国家前列。

加快建设创新型国家，包括：要瞄准世界科技前沿，强化基础研究，实现前瞻性基础研究、引领性原创成果重大突破。加强国家创新体系建设，强化战略科技力量。倡导创新文化，强化知识产权创造、保护、运用等。

第二节　我国国家科技计划的组织实施

当前，我国从事国家科技计划管理的机构主要包括：国家自然科学基金委员会、各部门内设科技管理司局及下属科研管理类事业单位等。其中，除自然科学基金会按照《国家自然科学基金条例》承担国家自然科学基金的管理工作外，我国国家科技计划项目管理工作主要由国务院各部门内设科技管理司局及下属科研管理类事业单位承担。目前，科技部、教育部、工信部、农业部、卫计委等部门承担项目管理任务比较集中。此外，一些国有企业、转制院所、行业联合会、协会、产业技术联盟也参与了部分国家科技计划的组织实施工作。

以重点研发计划为例，根据科技部、财政部2017年六月印发的《国家重点研发计划管理暂行办法》，国家重点研发计划纳入公开统一的国家科技管理平台，充分发挥国家科技计划（专项、基金等）管理部际联席会议、战略咨询与综合评审委员会、项目管理专业机构、评估监管与动态调整机制、国家科技管理信息系统的作用,与国家自然科学基金、国家科技重大专项、技术创新引导专项(基金)、基地和人才专项等加强统筹衔接。

根据组织管理与职责,国家科技计划(专项、基金等)管理部际联席会议(以下简称联席会议)负责审议国家重点研发计划的总体任务布局、重点专项设置、专业机构遴选择优等重大事项。战略咨询与综合评审委员会(以下简称咨评委)负责对国家重点研发计划的总体任务布局、重点专项设置及其任务分解等提出咨询意见,为联席会议提供决策参考。

科技部围绕国家重大战略和相关规划的贯彻落实,牵头组织征集部门和地方的重大研发需求,根据"自下而上"和"自上而下"相结合的原则,会同相关部门和地方研究提出国家重点研发计划的总体任务布局,经咨评委咨询评议后,提交联席会议全体会议审议。

相关部门和地方通过联席会议机制推动国家重点研发计划的组织实施。重点专项专家委员会进行方案编制、研究,提供咨询意见。项目管理专业机构(以下简称专业机构)根据国家重点研发计划相关管理规定和任务委托协议,开展具体项目管理工作,对实现任务目标负责。项目牵头单位负责项目的具体组织实施工作,强化法人责任。项目下设课题的,课题承担单位应强化法人责任,按照项目实施的总体要求完成课题任务目标;课题任务须接受项目牵头单位的指导、协调和监督,对项目牵头单位负责。

第三节 我国科技管理体制存在的问题

一、产学研之间尚未建立高效的合作机制

近几年我国对产学研合作进行了有益的探索,但是总体而言,尚未形成协同有效的合作模式,包括人才引进政策、共建产业基地,以及产

业化过程中各方的定位与责任，都需要一定的政策引导。其次是我国的科技成果转化中介机构比较少，企业与高校、科研院所之间的沟通渠道缺乏，导致企业在进行新产品、新技术研发或者进行技术创新时，主要还是依靠自身力量，如果企业规模较小，很难支撑起大规模的资金投入或者持久投入大量资源。

企业之间的技术合作较少也导致企业重复投入严重，很难形成合力。当前企业间通过技术联盟进行技术开发合作是产业技术在企业间流动的主要形式，也是国际竞争的大趋势。对于一些行业基础技术、基础工艺，诸如生物技术和信息技术等需要大量投入的新兴领域，是可以通过企业技术合作进行共同攻关、通过人才和技术的互补发挥协同作用，对取得的技术成果，通过合理的转让机制进行推广，从而取得规模经济效益的，但是目前这种技术合作联盟依然较少。

合作的藩篱还体现在企业与科研院所、高校之间互动不足。由于部门分割，企业的技术引进、创新，科研机构和大学缺乏参与，也比较难确认研究成果的市场价值。科研机构和大学承担的国家科研任务，企业的参与渠道也较少。企业与科研单位、高校的合作停留在零星项目上、临时合作上，多数没有形成长期而稳固的合作模式。国家级重点实验室、工程技术中心不仅为数不多，而且与企业的合作水平不高，产学研合作明显不够，我国企业参与大学实验室建设的积极性远不如国外企业，导致这种结果的原因既有认知上的不足，也与企业与科研机构、高校之间长期以来缺乏有效互动，缺乏有效的互动机制有关。

科研机构、高校等研究机构之间合作交流不足。我国的人员分布于企业、科研院所、高校等多种类型机构之间，由于条块分割，部门之间、部门与地方之间以及科研机构、大学之间合作研究和人员交流缺乏有效沟通，军民之间的科研机构、大学合作研究和人员交流难以开展，导致大量重复研究，资源不能充分共享，力量不能有效集成，致使生产总体效率底下，难以取得大的突破。近几年，我国在军民融合方面有所进展，部分地方尝试建立新型研发机构，值得借鉴。与传统的科研机构相比，这些新型科研机构"不完全像大学、不完全像科研院所、不完全像企业、不完全像事业单位"。其主要形式是以多种主体投资、多样化模式组建、市场需求为导向、企业化模式运作，充分运用国内外企业、高校、科研院所等在资金、技术、人才方面的优势，促进产业链、创新链、资金链衔接，主要从事科学研究、技术研发、成果转化等活动，具有职能定位综合化、研发模式集成化、运营模式柔性化等新特征，独立核算、自主经营、自负盈亏、可持续发展的法人组织，是我国科研体系创新的一种有益尝试。

二、配套制度尚需完善，制约生产和资源配置效率提升

首先是科技成果评价制度。科技成果评价是科技成果转移转化的重要环节，过去一直由政府科技主管部门对科技成果进行鉴定。根据《国务院办公厅关于做好行政法规部门规章和文件清理工作有关事项的通知》（国办函〔2016〕12号），从2017年2月开始，科技部已正式废止科学技术成果鉴定办法，各级科技行政管理部门的科技成果评价工作，将由委托方交给专业评价机构执行。这表明，我国正探索和建立以市场为导向的新型科技成果评价机制。但从现状来看，在科技评价方面，同行评议的专家范围小，没有邀请具有国际行业性外国专家参与或独立评价，缺乏独立的科技评价系统，缺乏来自外部的评价，评价全部在同一系统内部进行，存在一定的弊端。另外，评价机制上不完善，缺乏对单个研究者的评价，缺乏对研究机构的评价，也没有对国家整个科研基础进行评价。当前科技成果评价体制存在的问题表现为：有时候出现外行评内行现象，有时候出现小圈子联合炒作项目以骗取大额资助现象。在科技成果评价方面，不管是基础研究、应用研究还是技术开发的成果，鉴定时几乎都是一个模式，追求水平；几乎没有成果鉴定为失败的例子，国际先进、国内领域或填补空白的成果比比皆是，违背科技发展和创新规律。

其次是知识产权制度。近些年，我国在知识产权保护方面取得了很

大的进展，涵盖授权确权、行政执法、司法保护、仲裁调解、行业自律等各个环节的保护体系初步形成，为创新主体和市场主体提供更加有力的法治保障。但是从执行层面上需要一个过程，在知识产权综合执法、建立侵权惩罚性赔偿制度、建立便捷高效低成本的维权渠道等多个方面，还需要加大力度。

再次是科研成果转化率亟须提升。促进科技创新的发展，不仅在于加大研发投入和增加研发产出，更在于科技成果的产业化和市场化能够对经济社会发展起到真正的推动作用。目前我国的科技创新成果，包括专利和论文的数量都排在世界前列，但是对经济发展的贡献及产业转化率很不理想。据统计，我国的科技贡献率为50%左右，低于一般发达国家的70%、美国的80%及以色列的90%；科技成果的转化率仅为20%左右，远低于发达国家的60%~80%；科研成果的产业化率仅为5%，这意味着很多科研成果束之高阁。目前我国的科研评价体系片面注重论文发表数量、发表的期刊等级及专利申请等指标，科研立项和科研成果与市场需求脱节严重的局面尚待改善。

最后是科研机构管理制度僵化。除企业外，我国多数科研机构属于事业单位。沿袭了计划经济体制下的管理方式，自20世纪80年代开始，中央决定对科学技术体制进行坚决的有步骤的改革，但改革到现在，中国的科技体制仍然面临相当大的问题和挑战。体现在决策制度不健全，理事会决策制度没有建立；院所长多数仍然是计划经济制度下的单一任命制，没有实行选聘制度；决策监督机制不完善；用人制度僵化，难以激发科研人员的工作热情，等等。2017年，人社部印发《关于支持和鼓励事业单位专业技术人员创新创业的指导意见》（人社部规〔2017〕4号）出台文件支持和鼓励事业单位专业技术人员创新创业，科研院所的创新能力将得到进一步释放。

三、我国企业科技创新基础薄弱、核心竞争力不强的局面尚未改变

改革开放40年，我国企业经过各项改革得到飞速发展。根据

《2016年全国科技经费投入统计公报》(以下简称《公报》),2016年,全国共投入研究与试验发展(R&D)经费15676.7亿元,比上年增加1506.9亿元,增长10.6%,增速较上年提高1.7个百分点;研究与试验发展经费投入强度(与国内生产总值之比)为2.11%,超过欧盟15国2.08%的平均水平。

《公报》指出,各类企业经费支出12144亿元,比上年增长11.6%;政府属研究机构经费支出2260.2亿元,增长5.8%;高等学校经费支出1072.2亿元,增长7.4%。企业、政府属研究机构、高等学校经费支出所占比重分别为77.5%、14.4%和6.8%。

从总量上看增速较快,但是从质量上来看却并不乐观。许多企业缺乏核心技术,在关键技术和关键零部件上过度依赖国外装备的直接引进,真正具有国际竞争力的科技创新型企业不多,大量企业偏重于对国外技术的模仿,产品附加值低,缺乏市场竞争力。部分合资企业,由于我方没有掌握核心关键性技术,导致我国企业成为了外国企业在中国的原材料供应基地和加工厂。

由于政府财政资金投入有限,企业研发大量的高新科技要投入大量的人力、资金并且时间周期较长。与眼前的经济效益相比,科技创新活动存在一定的风险,即及时投入了也未必会成功,这种不确定性很容易导致企业以传统的能源消耗和技术引进为经济效益增长点,弱化科技创新投入。

中小企业资金短缺的局面尚待解决,导致中小企业科技创新不能有效进行。与大企业相比,由于企业自身条件不足,比如,资产规模小、经营能力差等,导致中小企业科技创新融资的过程中会遇到很多因素的限制。向银行申请贷款是中小企业应对资金短缺的主要手段之一,但据资料表明,我国有很多中小企业在经营、财务、信用等方面,都达不到向银行贷款的条件。尤其突出的是,中小企业由于管理经验不足,在向银行申请贷款过程中,银行确认企业能力信息时,企业信息往往得不到有效认证,从而影响银行为中小企业提供贷款。同时,在向银行申请贷款过程中,需要中小企业提供固定资产来作抵押,而中小企业很可能并没有足够的固定资产。面对这些问题，我国虽然建立了很多应对措施，但这些措施并未产生良好的效果。

近几年，我国企业运行的外部环境压力依然较大。金融资产增长很快，而实体经济增长慢，回报率有限。金融投资收益最终来源于实体投资收益，过度的金融投资不仅不能维护实体经济的发展，还会对实体投资造成很大的负面效应。近年来我国实体投资越来越冷、金融投资越来越热，已经是不争的事实。实体投资增速逐年下降，呈现个位数增长，大量资金从企业流向了股市和房地产等热门投资领域。金融投资泛滥，金融业平均利润率高过实体经济平均利润率。据测算，中国工业平均利润率仅在6%左右，而证券、银行业平均利润率则在30%左右。部分企业宁愿将剩余资金买入理财产品而不是进行科技研发投入。

四、科技创新活动中高层次创新型人才供应短缺

科技的竞争归根结底是人才的竞争。西方发达国家凭借强大的经济、科技实力和优越的工作环境在储备人才的竞争中占据了绝对的优势，仅美国就吸纳了全球40%的优秀人才，其中超过2/3来自发展中国家。我国相继实施了"人才强国"和"建设创新型国家"战略，各级政府部门将人才工作摆在十分重要的位置，制定了一系列利于人才引进和培养的政策，如"新世纪百千万人才工程""长江学者计划""千人计划"等，加大资金投入，积极提高人才待遇，改善工作环境。

但从总体来看，我国科研人员质量与发达国家差距很大，科技创新人才队伍整体素质有待进一步提高，尤其高层次的科技创新人才非常匮乏。根据2017年4月，科技部印发的《"十三五"国家科技人才发展规划》（国科发政［2017］86号），我国科技人才发展仍存在以下问题：一是科技人才结构性矛盾依然突出，科学前沿领域高水平人才、高端研发人才和高技能人才存在较大的供给缺口；二是科研机构选人用人自主权不够，"以人为本"的科技人才评价激励机制亟待完善；三是科技人才投入整体不足，且在行业、领域、区域间的配置不均衡；四是科

技人才流动渠道不够畅通，在产学研之间的流动存在制度性障碍；五是有利于科技人才成长的政策环境和保障机制建设尚待加强。

从现实来看，企业缺乏专业技术开发人才，尤其是民营企业、中小企业，由于自身实力所限，难以吸引高层次科学技术人才；激励科技创新人才成长的机制不健全，对科技创新人才的职称评审、知识更新、权益保护等缺乏制度性安排，影响到其技术创新的积极性。

在根本上，我国的应试教育模式依然没有改变，长期以来形成的传统教育方式，忽视个人的创造性和能力的培养，缺乏造就创新人才的认知氛围和心理条件，没有求异和质疑习惯；重聚合思维轻发散思维，限制了人们的思维创造性，造成思维定势，束缚了人们的创新精神和能力。

我国著名科学家钱学森先生生前谈到关于人才培养问题时说："我想说的不是一般的人才培养问题，而是科技创新人才培养问题。我认为这是我们国家长远发展的大问题。今天党和国家都很重视科技创新问题，投了不少钱搞什么'创新工程''创新计划'等，这是必要的。但我觉得更重要的是要具有创新思想的人才。问题在于，中国还没有一所大学能够按照培养科学技术发明创造人才的模式去办学，都是些人云亦云、一般化的，没有自己独特的创新东西，受封建思想的影响，一直是这个样子。我看，这是中国当前的一个大问题。"著名的"钱学森之问"已成为我国社会各界共同关注、共同面对的一个重大课题。

五、我国缺少专业的科技服务机构

我国科技计划项目管理专业机构建设是在充分考虑了我国科技计划管理的基础和现状，以及专业机构将肩负的国家重大科技专项和重点专项组织实施工作要求的基础上进行的，并要求从现有具备条件的科研管理类事业单位开始改建。

从目前已纳入专业机构改建的单位来看，无一例外地都是长期协助和支撑各相关部门开展各类国家科技计划项目管理的部门所属事业单位，具有丰富的国家级科研项目管理实践经验，熟知国家相关政策要求，并与相关科学技术领域的大专院校、研究院所、企事业单位、研发团队和专家等有着广泛联系，一些单位已在科技计划管理方面建立了一定的品牌和知名度。

但是从现实需要来看，科技服务机构无论是从数量还是类型都离市场需要有较大差距。根据新修订的《中华人民共和国促进科技成果转化法》、《国务院关于加快科技服务业发展的若干意见》（国发〔2014〕49号），我国下一阶段将推动科技评估机构规范有序发展，重点扶持技术转移转化机构开展成果转化、技术转让、技术入股、技术交易、产学研合作等转移转化服务。鼓励和支持发展一批外向型的科技中介机构，重点扶持科技代理机构开展项目申报代理、认证代理、招标代理、知识产权代理、技术交易代理等科技代理服务。鼓励科技代理机构利用自身优势，加强政策宣传推广、科技资源优化等增值服务，为企业在发展过程中创造更高价值。加强科技机构的信用管理，以科技创新创业需求为导向，以体制机制创新为动力，培育一批服务能力强、专业水平高、信用名誉好且具有较强竞争力的科技中介服务机构。

在这一点上，科技借鉴国外的先进经验，如德国的中介机构种类众多，业务范围覆盖较广，其业务主要包括：对政府资助的科技项目的立项进行评估和监督管理，为企业的创立和发展提供信息咨询和职业培训服务，以及从知识和技术的供给方向需求方进行技术转移，等等。出现了德国联邦工业合作研究会、SIGNO技术平台、史太白技术转移中心等知名的中介服务机构。

第四节 典型科技计划举例
——国家重点研发计划

一、计划概况

国家重点研发计划由原来的国家重点基础研究发展计划（973 计划）、国家高技术研究发展计划（863 计划）、国家科技支撑计划、国际科技合作与交流专项、产业技术研究与开发基金和公益性行业科研专项等整合而成，是针对事关国计民生的重大社会公益性研究，以及事关产业核心竞争力、整体自主创新能力和国家安全的战略性、基础性、前瞻性重大科学问题、重大共性关键技术和产品，为国民经济和社会发展主要领域提供持续性的支撑和引领。

国家重点研发计划主要针对事关国计民生的重大社会公益性研究，以及事关产业核心竞争力、整体自主创新能力和国家安全的重大科学技术问题，突破国民经济和社会发展主要领域的技术瓶颈。

将科技部管理的国家重点基础研究发展计划、国家高技术研究发展计划、国家科技支撑计划、国际科技合作与交流专项，发改委、工信部共同管理的产业技术研究与开发基金，农业部、卫计委等 13 个部门管理的公益性行业科研专项等，整合形成一个国家重点研发计划。

当前，从"科学"到"技术"再到"市场"，演进周期大为缩短，各研发阶段边界模糊，技术更新和成果转化更加快捷。为适应这一新技术革命和产业变革的特征，新设立的国家重点研发计划，着力改变现有科技计划按不同研发阶段设置和部署的做法，按照基础前沿、重大共性关键技术到应用示范进行全链条设计，一体化组织实施。该计划下，将根据国民经济与社会发展的重大需求和科技发展优先领域，凝练设立一批重点专项，瞄准国民经济和社会发展各主要领域的重大、核心、关键科技问题，组织产学研优势力量协同攻关，提出整体解决方案。

二、组织管理

根据《科技部、财政部关于印发〈国家重点研发计划管理暂行办法〉的通知》（国科发资〔2017〕152号），科技部是国家重点研发计划的牵头组织部门，主要职责是会同相关部门和地方开展工作。国家科技计划（专项、基金等）管理部际联席会议（以下简称联席会议）负责审议国家重点研发计划的总体任务布局、重点专项设置、专业机构遴选择优等重大事项。战略咨询与综合评审委员会（以下简称咨评委）负责对国家重点研发计划的总体任务布局、重点专项设置及其任务分解等提出咨询意见，为联席会议提供决策参考。2006、2007年国家重点研发计划重点专项对比，如表8-1所示。

表8-1 2016、2017年国家重点研发计划重点专项对比（部分）

序号	专项名称	2017年任务和项目数	2016年任务和项目数
1	"新能源汽车"重点专项	6个技术方向启动19个研究任务的20个项目	6个技术方向启动18个研究任务的18个项目
2	"战略性先进电子材料"重点专项	4个技术方向启动15个研究任务的37个项目	4个技术方向启动15个研究任务的27个项目
3	"高性能计算"重点专项	3个技术方向启动5个研究任务的18个项目	3个技术方向启动10个研究任务的19个项目
4	"地球观测与导航"重点专项	7个技术方向启动16个研究任务的16个项目	7个技术方向启动15个研究任务的26个项目
5	"煤炭清洁高效利用和新型节能技术"重点专项	7个技术方向启动20个研究任务的22个项目	7个技术方向启动16个研究任务的17个项目
6	"云计算和大数据"重点专项	4个技术方向启动15个研究任务的15个项目	4个技术方向启动12个研究任务的15个项目
7	"增材制造与激光制造"重点专项	2个技术方向启动20个研究任务的23个项目	2个技术方向启动12个研究任务的25个项目

续表

序号	专项名称	2017年任务和项目数	2016年任务和项目数
8	"先进轨道交通"重点专项	1个重点研究任务的1个项目	1个重点研究任务的2个项目
9	"材料基工程关键技术与支撑平台"重点专项	2个技术方向启动16个研究任务的19个项目	2个技术方向启动13个研究任务的14个项目
10	"网络空间安全"重点专项	5个技术方向启动14个研究任务的14个项目	5个技术方向启动8个研究任务的8个项目
11	"智能电网技术与装备"重点专项	5个技术方向启动18个研究任务的20个项目	5个技术方向启动17个研究任务的19个项目
12	"干细胞及转化研究"试点专项	8个方面研究任务启动43个研究项目（其中青年科学家项目10项）	8个方面研究任务启动25个研究项目（其中青年科学家项目10项）
13	"量子调控与量子信息"重点专项	6个方面研究任务启动27个研究项目（其中青年科学家项目10项）	6个方面研究任务启动28个研究项目（其中青年科学家项目6项）
14	"纳米科技"重点专项	6个方面研究任务启动40个研究项目（其中青年科学家项目10项）	7个方面研究任务启动43个研究项目（其中青年科学家项目10项）
15	"蛋白质机器与生命过程调控"重点专项	启动35个研究项目（其中青年科学家项目8项）	3个专题研究任务启动33个研究项目（其中青年科学家项目10项）
16	"大科学装置前沿研究"重点专项	8个方面研究任务启动17个研究项目	14个方面研究任务启动20个研究项目
17	"全球变化及应对"重点专项	5个方面研究任务启动24个研究项目	5个方面研究任务启动29个研究项目
18	"智能机器人"重点专项	4个层次6个研究方向启动44个项目	无

资料来源：科技部网站，联盟整理。

从近几年公布的课题指南来看，国家重点研发计划所涵盖领域十分广泛，包括重大社会公益性研究，以及事关产业核心竞争力、整体自主创新能力和国家安全的重大科学技术问题。

三、资金管理

国家重点研发计划实行多元化投入方式，资金来源包括中央财政资金、地方财政资金、单位自筹资金和从其他渠道获得的资金。中央财政资金支持方式包括前补助和后补助，具体支持方式在编制重点专项实施方案和年度项目申报指南时予以明确。

重点研发计划资金实行分级管理、分级负责。财政部、科技部负责研究制定重点研发计划资金管理制度，组织重点专项概算编制和评估，组织开展对重点专项资金的监督检查；财政部按照资金管理制度，核定批复重点专项概预算；专业机构是重点专项资金管理和监督的责任主体，负责组织重点专项项目预算申报、评估、下达和项目财务验收，组织开展对项目资金的监督检查；承担单位是项目资金管理使用的责任主体，负责项目资金的日常管理和监督。

参考文献

[1] 黄涛，张瑞. 论科技管理体制改革的理论基础 [J]. 科技管理研究，2012，(12).

[2] 赖志杰. 创新体系下科技管理体制的改革与创新 [J]. 广东技术师范学院学报，2010，(3).

[3] 陈智慧. 我国科技管理体制改革的对策研究 [D]. 武汉：武汉科技大学，2013，(5).

[4] 张小红，张金昌. 科技管理体制改革初探 [J]. 技术经济与管理研究，2011，(8).

[5] 吴卫红，陈高翔，杨婷，等. 中国科技管理组织结构发展研究 [J]. 中国科技论坛，2017，(7)：5-13.

第九章
国家科技战略政策解读

第一节　中国科技计划体系

经过 3 年的改革过渡期,我国科技体制顶层设计获得决定性进展。目前,由"一个制度、三根支柱、一套系统"构成的新的国家科技计划管理体系基本成型。近百项科技计划优化整合,管理平台顺利搭建。整合之后形成五类科技计划(专项、基金等):

(一)国家自然科学基金

资助基础研究和科学前沿探索,支持人才和团队建设,增强源头创新能力。

(二)国家科技重大专项

聚焦国家重大战略产品和重大产业化目标,发挥举国体制的优势,在设定时限内进行集成式协同攻关。

(三)国家重点研发计划

针对事关国计民生的农业、能源资源、生态环境、健康等领域中需要长期演进的重大社会公益性研究,以及事关产业核心竞争力、整体自主创新能力和国家安全的战略性、基础性、前瞻性重大科学问题、重大共性关键技术和产品、重大国际科技合作,按照重点专项组织实施,加强跨部门、跨行业、跨区域研发布局和协同创新,为国民经济和社会发展主要领域提供持续性的支撑和引领。

(四)技术创新引导专项(基金)

通过风险补偿、后补助、创投引导等方式发挥财政资金的杠杆作用，运用市场机制引导和支持技术创新活动，促进科技成果转移转化和资本化、产业化。

(五) 基地和人才专项

优化布局，支持科技创新基地建设和能力提升，促进科技资源开放共享，支持创新人才和优秀团队的科研工作，提高我国科技创新的条件保障能力。

上述五类科技计划（专项、基金等）要全部纳入统一的国家科技管理平台管理，加强项目查重，避免重复申报和重复资助。中央财政要加大对科技计划（专项、基金等）的支持力度，加强对中央级科研机构和高校自主开展科研活动的稳定支持。

第二节 中国科技计划体系内涵

一、国家科技重大专项

国家科技重大专项（National Science and Technology Major Project）是为了实现国家目标，通过核心技术突破和资源集成，在一定时限内完成的重大战略产品、关键共性技术和重大工程。《国家中长期科学和技术发展规划纲要（2006—2020）》（以下简称《规划纲要》）确定了大型飞机等16个重大专项。这些重大专项是我国到2020年科技发展的重中之重。

(一) 重大专项设立目标

到2020年，我国科学技术发展的总体目标是：自主创新能力显著增强，科技促进经济社会发展和保障国家安全的能力显著增强，为全面建设小康社会提供强有力的支撑；基础科学和前沿技术研究综合实力显著增强，取得一批在世界具有重大影响的科学技术成果，进入创新型国家行列，为在本世纪中叶成为世界科技强国奠定基础。

经过15年的努力，在我国科学技术的若干重要方面实现以下目标：一是掌握一批事关国家竞争力的装备制造业和信息产业核心技术，制造业和信息产业技术水平进入世界先进行列。二是农业科技整体实力进入世界前列，促进农业综合生产能力的提高，有效保障国家食物安全。三是能源开发、节能技术和清洁能源技术取得突破，促进能源结构优化，主要工业产品单位能耗指标达到或接近世界先进水平。四是在重点行业和重点城市建立循环经济的技术发展模式，为建设资源节约型和环境友好型社会提供科技支持。五是重大疾病防治水平显著提高，艾滋病、肝炎等重大疾病得到遏制，新药创制和关键医疗器械研制取得突破，具备产业发展的技术能力。六是国防科技基本满足现代武器装备自主研制和信息化建设的需要，为维护国家安全提供保障。七是涌现出一批具有世界水平的科学家和研究团队，在科学发展的主流方向上取得一批具有重大影响的创新成果，信息、生物、材料和航天等领域的前沿技术达到世界先进水平。八是建成若干世界一流的科研院所和大学以及具有国际竞争力的企业研究开发机构，形成比较完善的中国特色国家创新体系。

到2020年，全社会研究开发投入占国内生产总值的比重提高到2.5%以上，科技进步贡献率力争达到60%以上，对外技术依存度降低到30%以下，本国人发明专利年度授权量和国际科学论文被引用数均进入世界前5位。

(二) 重大专项设置情况

重大专项是为了实现国家目标，通过核心技术突破和资源集成，在一定时限内完成的重大战略产品、关键共性技术和重大工程，是我国科技发展的重中之重。《规划纲要》确定了核心电子器件、高端通用芯片及基础软件，极大规模集成电路制造技术及成套工艺，新一代宽带无线移动通信，高档数控机床与基础制造技术，大型油气田及煤层气开发，大型先进压水堆及高温气冷堆核电站，水体污染控制与治理，转基因生物新品种培育，重大新药创制，艾滋病和病毒性肝炎等重大传染病防治，大型飞机，高分辨率对地观测系统，载人航天与探月工程等16个重大专项，涉及信息、生物等战略产业领域，能源资源环境和人民健康等重大紧迫问题，以及军民两用技术和国防技术。

按照聚焦目标、突出重点、加快推进的要求，加快实施已部署的国家科技重大专项，推动专项成果应用及产业化，提升专项实施成效，确保实现专项目标。持续攻克"核高基"（核心电子器件、高端通用芯片、基础软件）、集成电路装备、宽带移动通信、数控机床、油气开发、核电、水污染治理、转基因、新药创制、传染病防治等关键核心技术，着力解决制约经济社会发展和事关国家安全的重大科技问题；研发具有国际竞争力的重大战略产品，建设高水平重大示范工程，发挥对民生改善和国家支柱产业发展的辐射带动作用；凝聚和培养一批科技领军人才和高水平创新创业团队，建成一批引领性强的创新平台和具有国际影响力的产业化基地，造就一批具有较强国际竞争力的创新型领军企业，在部分领域形成世界领先的高科技产业。

（三）国家重大专项主管部门

重大专项的组织实施由国务院统一领导，国家科技教育领导小组统筹、协调和指导。

科技部作为国家主管科技工作的部门，会同发展改革委、财政部等有关部门，做好重大专项实施中的方案论证、综合平衡、评估验收和研究制定配套政策工作。

我国当前实施的重大专项，如表9-1所示。

表9-1 我国当前实施的重大专项

序号	专项名称
1	核心电子器件、高端通用芯片及基础软件产品专项
2	极大规模集成电路制造装备与成套工艺专项

续表

序号	专项名称
3	新一代宽带无线移动通信网专项
4	高档数控机床与基础制造装备专项
5	大型油气田及煤气层开发专项
6	大型先进压水堆及高温气冷堆核电站专项
7	水体污染控制与治理专项
8	转基因生物新品种培育专项
9	重大新药创制专项
10	艾滋病和病毒性肝炎等重大传染病防治专项
11	大型飞机专项
12	高分辨率对地观测系统专项
13	载人航天与探月工程专项

二、国家重点研发计划

国家重点研发计划由原来的国家重点基础研究发展计划（973计划）、国家高技术研究发展计划（863计划）、国家科技支撑计划、国际科技合作与交流专项、产业技术研究与开发基金和公益性行业科研专项等整合而成，是针对事关国计民生的重大社会公益性研究，以及事关产业核心竞争力、整体自主创新能力和国家安全的战略性、基础性、前瞻性重大科学问题、重大共性关键技术和产品，为国民经济和社会发展主要领域提供持续性的支撑和引领。

（一）国家重点研发计划设立的目的

国家重点研发计划主要针对事关国计民生的重大社会公益性研究，以及事关产业核心竞争力、整体自主创新能力和国家安全的重大科学技术问题，突破国民经济和社会发展主要领域的技术瓶颈。

(二) 国家重点研发计划统计

我国的国家重点研发计划自 2016 年起开始对外公布课题情况，每年都会有新的重点专项发布任务需求。国家重点研发计划统计，如表 9-2 所示。

表 9-2　国家重点研发计划统计表

序号	专项名称	项目数量（个）			
		2016 年	2017 年	2018 年	总计
1	变革性技术关键科学问题	0	13	—	13
2	材料基因工程关键技术与支撑平台	14	19	—	33
3	畜禽重大疫病防控与高效安全养殖综合技术研发	16	23	24	63
4	大科学装置前沿研究	20	17	10	47
5	大气污染成因与控制技术研究	93	33	11	137
6	蛋白质机器与生命过程调控	33	35	15	83
7	地球观测与导航	26	16	13	55
8	典型脆弱生态修复与保护研究	37	29	5	71
9	干细胞及转化研究	25	43	30	98
10	高性能计算	19	18	4	41
11	公共安全风险防控与应急技术装备	32	34	55	121
12	国家质量基础的共性技术研究与应用	45	75	40	160
13	海洋环境安全保障	26	19	13	58
14	化学肥料和农药减施增效综合技术研发	13	21	15	49
15	精准医学研究	61	36	6	103
16	粮食丰产增效科技创新	9	17	12	38
17	量子调控与量子信息	28	27	21	76
18	林业资源培育及高效利用技术创新	9	13	4	26
19	绿色建筑及建筑工业化	21	21	18	60

续表

序号	专项名称	项目数量（个）			
		2016年	2017年	2018年	总计
20	煤炭清洁高效利用和新型节能技术	17	22	21	60
21	纳米科技	43	40	15	98
22	农业面源和重金属污染农田综合防治与修复技术研发	11	15	9	35
23	七大农作物育种	21	20	10	51
24	全球变化与应对	29	24	12	65
25	深地资源勘查开采	11	20	17	48
26	深海关键技术与装备	41	23	35	99
27	生物安全关键技术研发	23	6	6	35
28	生物医用材料研发与组织器官修复替代	31	18	18	67
29	生殖健康及重大出生缺陷防控研究	9	11	11	31
30	食品安全关键技术研发	0	20	-	20
31	数字诊疗装备研发	69	66	29	164
32	水资源高效开发利用	31	30	18	79
33	网络空间安全	8	14	-	22
34	先进轨道交通	2	1	4	7
35	现代服务业共性关键技术研发及应用示范	0	24	-	24
36	现代食品加工及粮食收储运技术与装备	16	14	14	44
37	新能源汽车	18	20	26	64
38	云计算和大数据	15	15	19	49
39	增材制造与激光制造	25	23	30	78
40	战略性先进电子材料	27	37	12	76
41	智能电网技术与装备	19	20	-	39
42	智能机器人	0	44	-	44
43	智能农机装备	21	17	11	49

续表

序号	专项名称	项目数量（个）			
		2016年	2017年	2018年	总计
44	中医药现代化研究	0	40	-	40
45	重大科学仪器设备开发	40	50	-	90
46	重大慢性非传染性疾病防控研究	73	34	45	152
47	重大自然灾害监测预警与防范	0	30	-	30
48	重点基础材料技术提升与产业化	39	70	-	109
	总计	1166	1277	658	3101

数据来源：科技部网站，联盟整理。

备注：（1）项目数量以公示项目为主，部分按照2018年申报指南进行修正。（2）2018年项目"－"代表项目未公示。

（三）主管部门

国家重点研发计划根据国民经济和社会发展重大需求以及科技发展优先领域，凝练形成若干目标明确、边界清晰的重点专项，从基础前沿、重大共性关键技术到应用示范进行全链条创新设计，一体化组织实施。重点专项的形成机制如下：

（1）根据国家重大发展战略、国家中长期科技发展规划纲要和"十三五"科技创新规划，强化顶层设计，采取自上而下和自下而上相结合的方式，统一组织征集部门、地方、行业等的重大研发任务需求。

（2）科技部通过国家科技计划（专项、基金等）管理部际联席会议（以下简称联席会议）制度，会同相关部门，按照党中央、国务院的重大战略部署，对需求征集情况进行全面深入分析，研究提出重点任务布局，充分听取战略咨询与综合评审委员会（以下简称咨评委）意见后，提交联席会议全体会议审议。

（3）根据联席会议审议通过的重点任务布局，科技部会同相关部门和地方凝练形成重点专项建议，组织编制重点专项实施方案。各重点专项实施方案要围绕国家重大战略部署，聚焦重大科学问题和核心共性关键技术，在体现全链条设计要求的基础上，合理部署不同研发阶段的主要任务；要创新组织实施方式，加强协同，结合目标任务测算经费需求，建立多元化的资金投入体系。

（4）咨评委召开专题会议，对重点专项实施方案进行咨询评议，提出修改完善意见，并依据专项部署的紧迫性和实施方案的成熟度，按领域提出排序建议。

（5）联席会议召开专题会议，对咨评委的咨询评议意见和排序建议进行研究讨论，形成意见。联席会议专题会议的研究结果应向联席会议全体会议报告；如联席会议专题会议存在重大异议，可再次委托咨评委进行咨询论证，然后提交联席会议全体会议审议。

（6）联席会议提出的重点专项经国家科技体制改革和创新体系建设领导小组审议后，按程序报国务院，特别重大事项报党中央。

（7）按照专业机构管理办法的相关规定，遴选确定承担重点专项具体项目管理工作的专业机构。科技部代表联席会议与专业机构签订重点专项项目管理委托协议。专业机构应针对受托管理的重点专项特点和实施方案，研究制定管理工作方案，与重点专项实施方案一并作为委托协议附件。

（8）鼓励地方、行业、大型骨干企业与中央财政共同出资，组织实施重点专项，探索由出资各方共同管理、协同推进的组织实施模式，积极支持专项成果在出资的地方和企业推广应用，促进重大成果转化落地。

（四）已经投入情况（"十三五"）

2016年是国家科技项目管理改革实施的第一年，首次采用国家重点研发计划专项形式组织项目申报，是国务院优化科技计划布局的5类科技计划之一，旨在为国民经济和社会发展主要领域提供持续性的支撑和引领。2016年国家重点研发计划共有500多家单位牵头承担的1100

多个项目立项，总经费超过 250 亿元。科技部已公布的 2017 年国家重点研发计划的重点专项和试点专项共 48 个，入选项目 1200 多个，总经费超过 250 亿元。

这里以 2018 年国家重点研发计划启动的 48 个重点专项和试点专项为例（见表 9-3），可以看出国家在众多科技前沿领域都有项目安排，2018 年拟支持的项目超过 780 个，国拨总经费超过 170 亿元[①]。

从申报资质上来说，申报资格有 8 条具体要求，其中基本资质为：牵头申报单位和参与单位应为中国大陆境内注册的科研院所、高等学校和企业等，具有独立法人资格，注册时间为 2016 年 11 月 30 日前，有较强的科技研发能力和条件，运行管理规范。政府机关不得牵头或参与申报。同一个项目只能通过单个推荐单位申报，不得多头申报和重复申报。申报资质每年变化不大，基本限定条件也是为了保障项目的实施开展，如果企业在制定科技战略的过程中能够对应国家科技战略的相关要求，积极引进人才，那么在项目申报过程中就会有更多的项目机会。

表 9-3 2018 年国家重点研发计划启动的 48 个重点专项

序号	专项名称	技术研究方向	支持项目	预算
1	"新能源汽车"重点专项	6 个技术方向启动 24 个研究任务 1. 动力电池与电池管理系统 2. 电机驱动与电力电子 3. 电动汽车智能化 4. 燃料电池动力系统 5. 插电/增程式混合动力系统 6. 纯电动力系统	拟支持 24～48 个项目	拟安排国拨经费总概算为 9 亿元
2	"战略性先进电子材料"重点专项	4 个技术方向启动 5 个研究任务 1. 第三代半导体材料与半导体照明 2. 新型显示 3. 大功率激光材料与器件 4. 高端光电子与微电子材料	拟支持 12～24 个项目	拟安排国拨经费总概算为 1.77 亿元

---

① 数据截至 2018 年 8 月底。

续表

序号	专项名称	技术研究方向	支持项目	预算
3	"高性能计算"重点专项	2个技术方向启动5个研究任务 1. 高性能计算环境研发 2. 高性能计算应用软件研发	拟支持5~10个项目	拟安排国拨经费总概算为5000万元
4	"地球观测与导航"重点专项	8个技术方向启动13个研究任务 1. 新机理新体制先进遥感探测技术 2. 空间辐射测量基准与传递定标技术 3. 地球系统科学与区域监测遥感应用技术 4. 导航定位新机理与新方法 5. 导航与位置服务核心技术 6. 全球位置框架与位置服务网技术体系 7. 城市群经济区域与城镇化建设空间信息应用服务示范 8. 重点区域与应急响应空间信息应用服务示范	拟支持13~26个项目	拟安排国拨经费总概算为5.86亿元
5	"煤炭清洁高效利用和新型节能技术"重点专项	5个技术方向启动20个研究任务 1. 煤炭高效发电 2. 煤炭清洁转化 3. 燃煤污染控制 4. 二氧化碳捕集利用与封存 5. 工业流程及装备节能	拟支持20~40个项目	拟安排国拨经费总概算为4.23亿元
6	"云计算和大数据"重点专项	4个技术方向启动20个研究任务 1. 云计算和大数据基础设施 2. 基于云模式和数据驱动的新型软件 3. 大数据分析应用与类人智能 4. 云端融合的感知认知与人机交互	拟支持20~40个项目	拟安排国拨经费总概算为6.25亿元
7	"增材制造与激光制造"重点专项	2个技术方向启动30个研究任务 1. 增材制造 2. 激光制造	拟支持30~60个项目	拟安排国拨经费总概算为7亿元左右

续表

序号	专项名称	技术研究方向	支持项目	预算
8	"先进轨道交通"重点专项	2个重点研究任务 1. 高速铁路成网条件下铁路综合效能与服务水平提升技术 2. 基于动态间隔的运能可配置列车运行控制系统技术	启动2~4个项目	拟安排国拨经费总概算为1.125亿元
9	"材料基工程关键技术与支撑平台"重点专项	4个技术方向启动11个研究任务 1. 材料基工程关键技术 2. 验证性示范应用 3. 新技术和新材料探索 4. 协同创新示范平台建设	拟支持11~22个项目	拟安排国拨经费总概算为2.20亿元
10	"网络空间安全"重点专项	3个技术方向启动6个重点研究任务 1. 网络与系统安全防护技术研究方向 2. 开放融合环境下的数据安全保护理论与关键技术研究 3. 网络空间数字资产保护创新方法与关键技术研究	拟支持6~12个项目	拟安排国拨经费总概算为1.53亿元
11	"智能电网技术与装备"重点专项	5个技术方向启动19个研究任务 1. 大规模可再生能源并网消纳 2. 大电网柔性互联 3. 多元用户供需互动用电 4. 多能源互补的分布式供能与微网 5. 智能电网基础支撑技术	拟支持19~38个项目	拟安排国拨经费总概算为4.63亿元
12	"干细胞及转化研究"试点专项	8个方面研究任务，优先支持20个研究方向 1. 多能干细胞的建立与干性维持 2. 组织干细胞的获得、功能和调控 3. 干细胞定向分化及细胞转分化 4. 干细胞移植后体内功能建立与调控 5. 基于干细胞的组织和器官功能修复 6. 干细胞资源库 7. 利用动物模型进行干细胞临床前评估 8. 干细胞临床研究	原则上拟支持20个项目	国拨总经费6.3亿元（其中，拟支持青年科学家项目10个，国拨总经费不超过6000万元）

续表

序号	专项名称	技术研究方向	支持项目	预算
13	"量子调控与量子信息"重点专项	5个方面研究任务，优先支持12个研究方向 1. 关联电子体系 2. 小量子体系 3. 人工带隙体系 4. 量子通信 5. 量子计算与模拟、量子精密测量	原则上拟支持12个项目	国拨总经费3亿元（其中，拟支持青年科学家项目不超过10个，国拨总经费不超过5000万元）
14	"纳米科技"重点专项	7个方面研究任务，优先支持11个研究方向 1. 新型纳米制备与加工技术 2. 纳米表征与标准 3. 纳米生物医药 4. 纳米信息材料与器件 5. 能源纳米材料与技术 6. 环境纳米材料与技术 7. 纳米科技重大问题	原则上拟支持11个项目	国拨总经费2.2亿元（其中，拟支持青年科学家项目3~5个，国拨总经费不超过1500万元）
15	"蛋白质机器与生命过程调控"重点专项	优先支持11个研究方向 1. 细胞内部膜系统稳态维持的蛋白质机器 2. 蛋白质膜信号转导的分子机制 3. 功能性非编码核糖核酸（RNA）相关新型亚细胞器中的蛋白质机器 4. 蛋白质降解相关过程的蛋白质机器的功能机制 5. 高致病性病毒转录复制过程关键蛋白质机器的功能和干预机制 6. 高致病性病原体感染与致病过程中蛋白质机器的功能和干预机制 7. 获得性免疫反应过程中蛋白质机器的功能机制 8. 人和模式生物中蛋白质组对生命活动的调控 9. 研究蛋白质翻译后修饰的化学生物学新方法 10. 蛋白质机器动态、原位结构研究的方法及应用 11. 基于蛋白质机器的疾病生物标志物发现及机制研究	原则上拟支持11个项目	国拨总经费3.1亿元

续表

序号	专项名称	技术研究方向	支持项目	预算
16	"大科学装置前沿研究"重点专项	7个方面研究任务优先支持10个研究项目 1. Higgs粒子的特性研究和超出标准模型新物质寻找 2. 中微子属性和宇宙线本质的研究 3. 新一代粒子加速器和探测器关键技术预研 4. 原子核结构和性质以及高电荷态离子非平衡动力学研究 5. 星系组分、结构和物质循环的光学~红外观测研究 6. 脉冲星、中性氢和恒星形成研究 7. 高温高压高密度极端物理研究	原则上拟支持10个项目	国拨总经费3.14亿元
17	"全球变化及应对"重点专项	5个方面研究任务优先支持12个研究方向 1. 全球变化综合观测、数据同化与大数据平台建设及应用 2. 全球变化事实、关键过程和动力学机制研究 3. 地球系统模式研发、预测和预估 4. 全球变化影响与风险评估 5. 减缓与适应全球变化与可持续转型研究	原则上拟支持12个项目	国拨总经费2.1亿元
18	"国家质量基础的共性技术与应用"重点专项	10个方面任务部署41个重点任务 1. 新领域计量标准 2. 高准确度标准物质和量值传递扁平化技术 3. 基础通用与公益标准 4. 产业共性技术标准 5. 中国标准国际化 6. 基础公益检验检测技术 7. 重要产业检验检测技术 8. 基础认证认可技术 9. 新兴领域认证认可技术 10. 典型示范	原则上拟支持41个项目	国拨总经费4亿元

续表

序号	专项名称	技术研究方向	支持项目	预算
19	"化学肥料和农药减施增效综合技术研发"试点专项	15个任务方向 1. 高效低风险小分子农药和制剂研发与示范 2. 北方水稻化肥农药减施技术集成研究与示范 3. 华南及西南水稻化肥农药减施技术集成研究与示范 4. 北方小麦化肥农药减施技术集成研究与示范 5. 长江流域冬小麦化肥农药减施技术集成研究与示范 6. 黄淮海夏玉米化肥农药减施技术集成研究与示范 7. 南方山地玉米化肥农药减施技术集成研究与示范 8. 马铃薯化肥农药减施技术集成研究与示范 9. 油菜化肥农药减施技术集成研究与示范 10. 大豆及花生化肥农药减施技术集成研究与示范 11. 特色经济作物化肥农药减施技术集成研究与示范 12. 露地蔬菜化肥农药减施技术集成研究与示范 13. 葡萄及瓜类化肥农药减施技术集成研究与示范 14. 梨树和桃树化肥农药减施技术集成研究与示范 15. 柑橘黄龙病综合防控技术集成研究与示范	拟支持15~30个项目	拟安排国拨经费总概算为6.88亿元
20	"粮食丰产增效科技创新"重点专项	13个任务方向 1. 黑龙江低温黑土区春玉米、粳稻全程机械化丰产增效技术集成与示范 2. 吉林半干旱半湿润区雨养玉米、灌溉粳稻集约规模化丰产增效技术集成与示范	拟支持13~26个项目	拟安排国拨经费总概算为4.11亿元

续表

序号	专项名称	技术研究方向	支持项目	预算
20	"粮食丰产增效科技创新"重点专项	3. 辽宁半干旱半湿润区雨养玉米、灌溉粳稻规模机械化丰产增效技术集成与示范 4. 内蒙古雨养灌溉混合区春玉米规模化种植丰产增效技术集成与示范 5. 河北水热资源限制区小麦-玉米两熟节水丰产增效技术集成与示范 6. 山东旱作灌溉区小麦-玉米两熟全程机械化丰产增效技术集成与示范 7. 河南多热少雨区小麦-玉米周年集约化丰产增效技术集成与示范 8. 江苏稻-麦精准化优质丰产增效技术集成与示范 9. 安徽粮食多元种植规模化丰产增效技术集成与示范 10. 湖北单双季稻混作区周年机械化丰产增效技术集成与示范 11. 湖南双季稻周年绿色优质丰产增效技术集成与示范 12. 江西双季稻区绿色规模化丰产增效技术集成与示范 13. 四川水稻多元复合种植丰产增效技术集成与示范	拟支持13~26个项目	拟安排国拨经费总概算为4.11亿元
21	"农业面源和重金属污染农田综合防治与修复技术研发"	9个任务方向 1. 集约化养殖粪污污染综合防治技术与装备研发 2. 长三角镉砷和面源污染农田综合防治与修复技术示范 3. 黄淮海粮食主产区面源和重金属污染综合防治技术示范 4. 黄淮海蔬菜主产区面源污染综合防治技术示范 5. 长江中游双季稻区面源污染综合防治技术示范	拟支持9~18个项目	拟安排国拨经费总概算为1.3亿元

续表

序号	专项名称	技术研究方向	支持项目	预算
21	"农业面源和重金属污染农田综合防治与修复技术研发"	6. 西南粮食主产区重金属和农业面源污染综合防治与修复技术示范 7. 华南镉铅污染农田修复与安全利用技术示范 8. 西北粮食主产区面源污染农田综合防治技术示范 9. 东北粮食主产区农业面源污染综合防治技术示范	拟支持9~18个项目	拟安排国拨经费总概算为1.3亿元
22	"七大农作物育种"试点专项	2个领域10个任务方向 1. 重大品种选育领域 2. 良种繁育与种子加工领域	拟支持10~20个项目	拟安排国拨经费总概算为1.834亿元
23	"现代食品加工及粮食收储运技术与装备"重点专项	14个任务方向 1. 民族特色工业化食品加工关键技术与装备开发 2. 食用菌资源开发和高效加工关键技术研究 3. 方便营养型蛋制品绿色加工关键技术研究及开发 4. 传统发酵食品制造关键技术与装备开发 5. 野外自热食品品质提升与制造关键技术研究 6. 预制调理食品制造关键技术与新产品研究及新型速冻技术装备开发 7. 食品新型包装材料及智能包装关键装备研发 8. 中式自动化中央厨房成套装备研发与示范 9. 现代饮料高速灌装加工技术及成套装备开发 10. 大宗面制品适度加工关键技术装备研发与示范 11. 特色油料适度加工与综合利用技术及智能装备研发与示范 12. 西式肉制品绿色制造关键技术与装备开发及示范	拟支持14~28个项目	拟安排国拨经费总概算为2.56亿元

续表

序号	专项名称	技术研究方向	支持项目	预算
23	"现代食品加工及粮食收储运技术与装备"重点专项	13. 果蔬冷链物流技术及装备研发示范 14. "北粮南运"散粮集装箱高效保质运输技术与物流信息追溯平台支撑示范工程	拟支持14~28个项目	拟安排国拨经费总概算为2.56亿元
24	"畜禽重大疫病防控与高效安全养殖综合技术研发"重点专项	3大方面20个任务方向 1. 基础研究类 2. 共性关键技术研究类 3. 基础集成创新研究与师范类	拟支持20~40个项目	拟安排国拨经费总概算为2.655亿元
25	"林业资源培育及高效利用技术创新"重点专项	4个任务方向 1. 竹资源高效培育关键技术研究 2. 人工林重大灾害防控关键技术研究 3. 木基材料与制品增值加工技术 4. 人工林非木质资源全产业链增值增效技术集成与示范	拟支持4~8个项目	拟安排国拨经费总概算为9891万元
26	"智能农机装备"重点专项	11个任务方向 1. 农特产品低损清洁技术装备研发 2. 农特产品绿色节能干燥技术装备研发 3. 优质果蔬智能化品质分级技术装备研发 4. 棉花智能化提级加工关键技术装备研发 5. 茶叶精制智能化技术装备研发 6. 牛羊屠宰与畜禽分割技术装备研发与示范 7. 水产品自动剥制及分级技术装备研发与示范 8. 畜禽水产保质储运技术装备研发与示范 9. 适度规模生产全程机械化技术开发与示范 10. 丘陵山区林果机械化作业机械装备研发与示范 11. 南方多熟制粮油生产机械化技术装备研发与示范	拟支持11~22个项目	拟安排国拨经费总概算为1.23亿元

续表

序号	专项名称	技术研究方向	支持项目	预算
27	"大气污染成因与控制技术研究"试点专项	5个技术方向启动12个研究任务 1. 监测预报预警技术 2. 雾霾和光化学烟雾形成机制 3. 污染源全过程控制技术 4. 空气质量改善管理支持技术 5. 大气污染联防联控技术示范	拟支持项目不超过15个	国拨经费总概算约3亿元
28	"水资源高效开发利用"重点专项	6个技术方向启动18个研究任务 1. 综合节水理论与关键技术设备 2. 非常规水资源开发利用技术与设备 3. 流域水循环演变与国家水资源配置战略 4. 重大水资源配置工程建设与安全运行 5. 江河治理与水沙调控 6. 水资源智能调度与精细化管理	拟支持项目不超过20个	国拨经费总概算约3.2亿元
29	"典型脆弱生态修复与保护研究"重点专项	3个技术方向启动4个研究任务 1. 东北森林与湿地生态保护与恢复技术 2. 北方风沙区沙化土地综合治理 3. 国家生态安全保障技术体系	拟安排项目不超过7个	国拨经费总概算约6500万
30	"深地资源勘查开采"重点专项	3个技术方向14个研究任务 1. 大深度立体探测技术装备与深部找矿示范 2. 深部矿产资源勘查增储应用示范 3. 深部矿产资源开采理论与技术	拟支持14个项目	国拨经费总概算约4.8亿元
31	"深海关键技术与装备"重点专项	3个技术方向17个研究任务 1. 全海深（最大工作深度11000米）潜水器研制及深海前沿关键技术攻关 2. 深海通用配套技术及1000~7000米级潜水器作业及应用能力示范 3. 深海资源开发及利用共性关键技术研发与应用	拟支持40个项目	国拨经费总概算约6亿元

续表

序号	专项名称	技术研究方向	支持项目	预算
32	"海洋环境安全保障"重点专项	4个技术方向 14个研究任务 1. 海洋环境立体观测/监测新技术研究与核心装备国产化 2. 海洋环境变化预测预报技术 3. 海洋环境灾害及突发环境事件预警和应急处置技术 4. 国家海洋环境安全保障平台支撑技术	拟支持21个项目	国拨经费总概算约3.7亿元
33	"公共安全风险防控与应急技术装备"重点专项	6个技术方向 37个研究任务 1. 国家公共安全综合保障 2. 社会安全监测预警与控制 3. 生产安全保障与重大事故防控 4. 国家重大基础设施安全保障 5. 城镇公共安全风险防控与治理 6. 综合应急技术装备	—	国拨经费总概算约10亿元
34	"绿色建筑及建筑工业化"重点专项	7个技术方向 18个研究任务 1. 基础数据系统和理论方法 2. 规划设计方法与模式 3. 建筑节能与室内环境保障 4. 绿色建材 5. 绿色高性能生态结构体系 6. 建筑工业化 7. 建筑信息化	—	国拨经费总概算约3.2亿元
35	"生物安全关键技术研发"重点专项	2个技术方向 5个研究任务 1. 共性关键技术及重大产品研发 2. 典型应用示范	—	国拨经费总概算约1.25亿元
36	"生物医用材料研发与组织器官修复替代"重点专项	5个技术方向 12个研究任务 1. 前沿科学及基础创新 2. 关键核心技术 3. 产品开发 4. 医用级原材料的研发与标准研究及产业化 5. 典型示范工程	拟支持19个项目	国拨经费总概算约3亿元
37	"数字诊疗装备研发"试点专项	4个技术方向 20个研究任务 1. 前沿和共性技术创新 2. 重大装备研发 3. 应用解决方案研究 4. 应用示范和评价研究	拟支持24个项目	国拨经费总概算约2.3亿元

续表

序号	专项名称	技术研究方向	支持项目	预算
38	"重大慢性非传染性疾病防控研究"重点专项	7个技术方向34个研究任务 1. 心脑血管疾病防控技术研究 2. 恶性肿瘤防控技术研究 3. 慢阻肺防控技术研究 4. 糖尿病及代谢疾病防控技术研究 5. 神经精神疾病防控技术研究 6. 重大慢病研究支撑平台体系研究 7. 国际合作研究	拟支持36个项目	国拨经费总概算约4.5亿元
39	"生殖健康及重大出生缺陷防控研究"重点专项	2个技术方向4个研究任务 1. 生殖健康相关疾病临床防治研究 2. 出生缺陷和不孕不育防治技术研发	拟支持4个项目	国拨经费总概算约0.9亿元
40	"精准医学研究"重点专项	3个技术方向5个研究任务 1. 新一代临床用生命组学技术的研发 2. 精准医学大数据的资源整合、存储、利用与共享平台建设 3. 疾病防诊治方案的精准化研究	拟支持6个项目	国拨经费总概算约1.3亿元
41	"现代服务业共性关键技术研发及应用示范"重点专项	5个方向 1. 现代服务科学理论 2. 服务关键核心技术 3. 新兴服务业支撑平台研发及示范 4. 科技服务业支撑平台研发及示范 5. 文化科技服务业支撑平台研发与示范	启动不少于18个项目	拟安排国拨经费总概算约3.05亿元
42	"重大科学仪器设备开发"重点专项	3大方面53个研究方向 1. 核心关键部件开发与应用 2. 高端通用仪器工程化及应用开发 3. 专业重大科学仪器开发及应用示范	—	经费总概算约6亿元
43	"智能机器人"重点专项	6个研究方向 1. 智能机器人基础前沿技术 2. 新一代机器人 3. 关键共性技术 4. 工业机器人 5. 服务机器人 6. 特种机器人	拟启动不少于50个项目	拟安排国拨经费总概算约6.2亿元

续表

序号	专项名称	技术研究方向	支持项目	预算
44	"网络协同制造和智能工厂"重点专项	5个方向 1. 基础前沿技术 2. 研发设计技术 3. 智能生产技术 4. 制造服务技术 5. 集成平台与系统	拟启动不少于35个项目	拟安排国拨经费总概算约7.6亿元
45	"制造基础技术与关键部件"重点专项	5个方向 1. 关键基础件 2. 基础制造 3. 工艺 4. 先进传感器 5. 高端仪器仪表和基础保障技术	拟启动不少于43个项目	拟安排国拨经费总概算约6亿元
46	"可再生能源与氢能技术"重点专项	6个技术方向 1. 太阳能 2. 风能 3. 生物质能 4. 地热能与海洋能 5. 氢能 6. 可再生能源耦合与系统集成技术	启动32~64个项目	拟安排国拨经费总概算为6.565亿元
47	"核安全与先进核能技术"重点专项	2个技术方向9个重点研究任务 1. 核安全科学技术 2. 先进创新核能技术	启动6~12个项目	拟安排国拨经费总概算为1.8亿元
48	"综合交通运输与智能交通"重点专项	6个技术方向启动13个重点研究任务 1. 交通基础设施智能化 2. 载运工具智能协同 3. 交通运行监管与协调 4. 大型交通枢纽协同运行 5. 多方式综合运输一体化 6. 综合运输安全风险防控与应急救援	拟支持16~32个项目	拟安排国拨经费总概算为4.36亿元

资料来源：科技部网站，联盟整理。

备注：统计截至2018年8月底。

（五）国家战略对地方发展优势产业的导向作用更加明显

从政策经验来看，国家制定的重大战略会影响到地方政府对产业政策的制定,因此研究国家战略同样可以使企业在地方发展中获得更多战略机遇。例如,很多地方在产业发展的过程中会打造优势产业集群。产业集群是供应商、人才、专业化信息、辅助设施等资源高度密集的地方,从而使企业获得技术创新相关资源的成本大大降低,人们开展技术创新就变得更加容易、更加方便,这是集群技术创新体系卓有成效运行的标志。一方面,在产业集群中,处在一个产业链的企业频繁的交往和长期的合作,为近距离彼此观察与学习提供了极大的便利,技术创新成果也很容易被发现、模仿或技术转让,从而加快技术创新成果的扩散;另一方面,有关竞争企业通过对科技创新的消化、吸收与模仿,有的在此基础上还进行技术改良,又会导致渐进性的技术创新不断发生,形成强大的"挤压效应",从而大大激发了集群内企业技术创新的活力和潜力,产业集群成为技术创新基地。产业集群内一些领先或核心企业会主导产业技术发展方向。一旦某项核心技术获得突破性创新,在集群区内各分工专业的企业很快会协同有关创新主体进行新的技术创新,导致企业间的竞争程度加剧,进一步促进了知识和技术的转移和扩散。企业的集聚反过来又能促使企业不断进行技术创新,降低成本,提高产品和服务质量,从而增强整个集群的竞争优势。因此,技术创新在产业集群内更容易产生。

在经济新常态下,我国仍然处于可以大有作为的重要战略机遇期。根据各种产业的特性,发挥好有效的市场和有为的政府"两只手"的作用,推动产业转型升级,即使在相对不利的国际环境下,我国经济也能保持7%左右的中高速增长,到2020年前后进入高收入国家行列,向实现中华民族伟大复兴的中国梦迈出决定性的一步。

三、国家自然科学基金

国家自然科学基金是20世纪80年代初设立的。为推动中国科技体制改革,变革科研经费拨款方式,中国科学院89位院士(学部委员)致函党中央、国务院,建议设立面向全国的自然科学基金,得到党中央、国务院的首肯。1986年2月14日,在邓小平同志的亲切关怀下,国务院批准成立国家自然科学基金委员会(简称"自然科学基金委")。

自然科学基金委是管理国家自然科学基金的国务院直属事业单位,科学基金工作突破了以往计划经济体制下科研经费依靠行政拨款的传统管理模式,全面引入和实施了先进的科研经费资助模式和管理理念,确立了"依靠专家、发扬民主、择优支持、公正合理"的评审原则,建立了"科学民主、平等竞争、鼓励创新"的运行机制,建立健全了决策、执行、监督、咨询相互协调的科学基金管理体系,形成了"公正、奉献、团结、创新"的委风,充分发挥了自然科学基金对中国基础研究的"导向、稳定、激励"的功能,不断发展完善以学科体系为框架、价值评议和绩效评估为依据的管理体系并制定了一整套的自然科学基金管理办法。

(一) 自然科学基金设立的目的

国家自然科学基金在发展过程中,按照全面深化科技体制改革、实施创新驱动发展战略的总体部署,明确了"筑探索之渊、浚创新之源、延交叉之远、遂人才之愿"的战略使命,强调更加聚焦基础、前沿、人才,更加注重创新团队和学科交叉,全面培育源头创新能力。基金着眼国家创新驱动发展战略全局,自然科学基金委统筹实施各类项目资助计划,不断增强资助计划的系统性和协同性,努力提升资助管理效能。随着国家财政对基础研究的投入不断增长,自然科学基金项目资助强度稳步提高,推动我国基础研究创新环境不断优化。

(二) 自然科学基金类别

自然科学基金委根据科学发展趋势和国家战略需求设立相应的项目类型,从资助定位和管理特点出发,分为研究项目系列、人才项目系列和环境条件项目系列三大资助系列。

1. 研究项目系列

（1）面上项目。

面上项目是国家自然科学基金资助项目数最多、学科覆盖面最广的一类项目资助类型，面上项目经费占各类项目资助总经费的45%以上。面上项目支持科技工作者在国家自然科学基金资助范围内自由选题，开展创新性的科学研究。自然科学基金委每年发布《国家自然科学基金项目指南》，提出资助范围及申请注意事项等引导申请。

（2）重点项目。

重点项目支持科技工作者结合国家需求，把握世界科学前沿，针对我国已有较好基础和积累的重要研究领域或新学科生长点开展深入、系统的创新性研究工作。重点项目体现有限目标、有限规模和重点突出的原则，给予较高强度的支持。每年确定受理申请的研究领域、发布指南引导申请。

（3）重大项目。

重大项目针对国民经济和社会发展中亟待解决的重大科学问题，开展学科交叉和综合性研究，一般由4~5个研究课题构成。重大项目按统一规划、分批立项、指南引导、定向申请、同行评议、逐项论证、动态管理、专家验收的方式组织实施。

（4）重大研究计划。

重大研究计划围绕核心科学问题，整合和集成不同学科背景、不同学术思想和不同资助强度的项目，形成具有统一目标的项目群，实施相对长期的支持，促进学科交叉研究。在国家科技发展战略框架体系下，与国家其他科技计划形成衔接与互补关系，促进我国科技持续创新能力的提高。重大研究计划的立项由委务会议在专家建议并充分论证的基础上审定，立项之后设立专家指导组和联合工作组，在分管委领导的直接指导下组织和管理重大研究计划的实施，面向全国公布指南，引导申请。

（5）联合基金项目。

为促进知识创新与技术创新的衔接，引导多元投入，推动资源共享，促进多方合作，自然科学基金委与其他政府部门、企业、研究机构共同出资设立联合基金或联合资助项目，资助某些特定领域的基础研究。联合资助按自然科学基金项目管理方式，面向全国，向社会公布指南，引导申请。

(6) 国际（地区）合作研究项目。

为鼓励广大科学家广泛参与国际合作与竞争，提高科技创新水平，自然科学基金委积极支持双方共同投资进行的实质性合作研究，建立了多层次、多渠道、全方位的国际合作格局。鼓励和支持科学家组织与实施重大的国际合作研究，有选择地参与国际大型研究计划和大科学工程的合作，努力加强双边和多边协议下的合作研究，注重通过合作加快国内人才的培养和国外智力资源的利用，以促进基金项目的高质量完成，提高我国基础研究的水平和在国际科技领域的显示度。

主要项目类型有：①重大国际（地区）合作研究项目；②双边（多边）国际合作研究协议项目；③海外及港澳学者合作研究项目。

2. 人才项目系列

(1) 青年科学基金。

为促进青年科技工作者的成长，培养和造就具有发展潜力的优秀青年科技人才而设立该项基金。其定位是稳定青年科研队伍，培育后继人才，扶持独立科研，激励创新思维，不断增强青年人才勇于创新的能力。申请者的年龄限定在35周岁以下。

(2) 国家杰出青年科学基金（包括外籍）。

为促进青年科学技术人才的成长，鼓励和吸引海外学者和留学人员回国工作，加速培养造就一批进入世界科技前沿的优秀学术带头人，经国务院批准于1994年设立国家杰出青年科学基金。该项基金资助国内及尚在境外即将回国工作的45周岁以下的优秀青年学者在中国内地从事自然科学基础研究。2005年又启动了国家杰出青年科学基金（外籍）资助工作，其目的是为了充分发挥海外科技人才资源优势，支持45岁以下具有较高学术水平和良好发展潜力的外籍华人青年学者全时全职在中国内地从事自然科学基础研究。

（3）创新研究群体科学基金。

创新研究群体科学基金是为稳定地支持基础科学的前沿研究，营造有利于创新的环境，培养和造就具有创新能力的人才和群体而设立的。该基金资助国内以优秀科学家为学术带头人、中青年科学家为骨干的研究群体，围绕某一重要研究方向在国内进行基础研究。受资助的创新研究群体应是长期合作中自然形成的研究整体，其学术水平在国内同行中具有一定优势，研究工作取得突出成绩，或活跃在某一基础研究领域的前沿并具有明显的创新潜力。

（4）国家基础科学人才培养基金。

国家基础科学人才培养基金主要用于支持国家理科基础科学研究和教学人才培养基地（简称理科基地）的条件建设和本科生研究能力的提高，促进科学研究与教育的结合，培养基础研究后备人才。主要包括：条件建设项目，本科生科研能力提高项目，生物学、地学野外实习基地建设与运行，骨干教师培训，等等，同时适当资助古生物、植物、动物分类等特殊学科的人才培养工作。

（5）地区科学基金。

地区科学基金主要是为了加强对部分边远地区、少数民族地区等科学研究基础薄弱地区科技工作者的支持，稳定、吸引和培养这些地区的科技人才，扶植和凝聚优秀人才，支持他们潜心探索，为区域协调发展和国家创新体系建设服务。现面向的地区有内蒙古、宁夏、青海、新疆、西藏、广西、海南、贵州、江西、云南10个省、自治区和延边朝鲜族自治州。

3. 环境条件项目系列

（1）国际合作交流项目。

国家合作交流项目为已经承担自然科学基金项目的科学家广泛参与国际合作与交流营造良好环境和条件。目前，已与36个国家和地区的66个科学基金组织和研究机构建立了合作交流关系。努力在拓展合作渠道、合作途径、资助机制等方面创造良好合作环境。主要包括以下项目类型：①一般国际（地区）合作研究项目；②在华召开国际学术会议项目；③留学人员短期回国工作讲学专项。

另外，2000年与德意志研究联合会（DFG）联合建立的中德科学中心为促进双方在自然科学领域内开展合作与交流创造了有利条件。

（2）科学仪器基础研究专款项目。

科学仪器基础研究专款项目主要资助基础科学前沿研究所急需的重要科学仪器或实验装置的创新性研制和改进，以及创新性科学仪器研制当中的基础性科学问题的研究。

（三）主管部门

自然科学基金委是管理国家自然科学基金的国务院直属事业单位。根据国家发展科学技术的方针、政策和规划，有效运用国家自然科学基金，支持基础研究，坚持自由探索，发挥导向作用，发现和培养科学技术人才，促进科学技术进步和经济社会协调发展。

主管部门的职责是：①制订和实施支持基础研究和培养科学技术人才的资助计划，受理项目申请，组织专家评审，管理资助项目，促进科研资源的有效配置，营造有利于创新的良好环境；②协同国家科学技术行政主管部门制定国家发展基础研究的方针、政策和规划，对国家发展科学技术的重大问题提供咨询；③接受国务院及有关部门委托开展相关工作，联合有关机构开展资助活动；④同其他国家或地区的政府科学技术管理部门、资助机构和学术组织建立联系并开展国际合作；⑤支持国内其他科学基金的工作；⑥承办国务院交办的其他事项。

（四）已投入情况（"十三五"）

2016年，自然科学基金委共接收各类项目申请182334项。在项目申请集中接收期（2016年3月1日至20日16时）共接收14类项目申请172843项，比2015年同期增加7245项，增幅4.38%。其中，面上项目申请量增加 1023 项，增幅 1.40%；重点项目减少 23 项，减幅 0.82%；青年科学基金项目增加 4677 项，增幅 7.12%；地区科学基金项目增加 986 项，增幅 7.49%；优秀青年科学基金项目增加 893 项，增幅 25.37%；国家杰出青年科学基金项目增加 285 项，增幅 13.27%；创新研究群体项目增加 8 项，增幅 3.21%；重点国际（地区）合作研究项目减少 8 项，减幅 1.29%；国家重大科研仪器研制项目（自由申请）减少 18 项，减幅 2.97%。

经过规定的评审程序，自然科学基金委 2016 年度批准资助的面上项目 16934 项，重点项目 612 项，重大项目 23 项，重大研究计划项目 502 项，重点国际（地区）合作研究项目 105 项，青年科学基金项目 16112 项，地区科学基金项目 2872 项，优秀青年科学基金项目 400 项，国家杰出青年科学基金项目 198 项，新批准创新研究群体项目 38 项，延续资助已实施 3 年的创新研究群体项目 29 项，延续资助已实施 6 年的创新研究群体项目 10 项，海外及港澳学者合作研究基金项目 135 项；国家重大科研仪器研制项目（自由申请）85 项，国家重大科研仪器研制项目（部门推荐）4 项，联合基金项目 733 项，外国青年学者研究基金项目 108 项，国际（地区）组织间合作交流项目 222 项。

2017 年，在项目申请集中接收期间（2017 年 3 月 1—20 日），自然科学基金委共接收依托单位提交的各类国家自然科学基金项目申请 190840 项，比 2016 年同期增加 17997 项，增幅 10.41%。

2017 年年度国家自然科学基金资助的面上项目 18136 项，重点项目 667 项，重大项目 40 项，重大研究计划项目 535 项，国际（地区）合作研究项目 477 项，青年科学基金项目 17523 项，地区科学基金项目 3017 项，优秀青年科学基金项目 399 项，国家杰出青年科学基金项目 198 项，创新研究群体项目 47 项，海外及港澳学者合作研究基金项目 142 项，联合基金项目 793 项，基础科学中心项目 4 项，国家重大科研仪器研制项目 88 项，外国青年学者研究基金项目 155 项，国际（地区）组织间合作交流项目 543 项。

2018 年，在集中接收期间共接收 2384 个依托单位提交的 15 类项目申请 214867 项，同比增加 24027 项，增幅 12.59%。按项目类型来看，面上项目、青年科学基金项目、地区科学基金项目、优秀青年科学基金项目、国家杰出青年科学基金项目、重点项目、重点国际（地区）合作研究项目、数学天元基金项目、外国青年学者研究基金项目增幅较大，均超过 10%。按依托单位隶属关系来看，教育部，中国科学院，工、交、农、医、国防以及地方省、市、自治区等所属依托单位的申请量较 2017 年同期均有不同程度的增加，增幅分别为 13.74%、3.11%、4.86% 和 14.91%。

四、技术创新引导专项

技术创新引导专项主要是充分发挥市场的作用，通过研发（技术交易）补助、天使引导、风险补偿代偿等方式，按照市场规律引导支持企业技术创新活动，促进科技成果转移转化和资本化、产业化。

（一）设立的目标

充分发挥财政资金的杠杆和引导作用，创新财政科技投入方式，带动金融资本和民间投资向科技成果转化集聚，进一步完善多元化、多层次、多渠道的科技投融资体系。

（二）重点技术引导专项（基金）介绍

1. 国家科技成果转化引导基金（含创投子基金）

为贯彻落实《国家中长期科学和技术发展规划纲要》，加速推动科技成果转化与应用，引导社会力量和地方政府加大科技成果转化投入，科技部、财政部设立国家科技成果转化引导基金（以下简称转化基金），充分发挥财政资金的杠杆和引导作用，创新财政科技投入方式，带动金融资本和民间投资向科技成果转化集聚，进一步完善多元化、多层次、多渠道的科技投融资体系。

转化基金遵循"引导性、间接性、非营利性、市场化"原则，主要用于支持转化利用财政资金形成的科技成果，包括国家（行业、部门）科技计划（专项、项目）、地方科技计划（专项、项目）及其他由事业单位产生的新技术、新产品、新工艺、新材料、新装置及其系统等。

转化基金支持科技成果转化的方式包括：设立创业投资子基金、贷款风险补偿和绩效奖励等。设立创业投资子基金是指转化基金与符合条件的投资机构共同发起设立创业投资子基金，为转化科技成果的企业提供股权投资。贷款风险补偿是指转化基金对合作银行发放的符合规定条件和程序的科技成果转化贷款，给予一定的风险补偿。绩效奖励是指转化基金对于为转化科技成果做出突出贡献的企业、科研机构、高等院校和科技中介服务机构，给予资金奖励。

同时，科技部、财政部还按照"统筹规划、分层管理、开放共享、动态调整"的原则，建立国家科技成果转化项目库，库中的科技成果摘要信息，除涉及国家安全、重大社会公共利益和商业秘密外，向社会公开，为与转化基金合作的创业投资机构、银行以及社会各界的参与者提供信息支持。

2. 科技部科技型中小企业创业投资引导基金

科技型中小企业创业投资引导基金由财政设立专项用于引导创业投资机构向初创期科技型中小企业投资。引导基金按照项目选择市场化、资金使用公共化、提供服务专业化的原则运作。委托科技部科技型中小企业技术创新基金管理中心负责引导基金的日常管理。引导基金的支持对象为：在中华人民共和国境内从事创业投资的创业投资企业、创业投资管理企业、具有投资功能的中小企业服务机构，以及初创期科技型中小企业。引导基金的引导方式为阶段参股、跟进投资、风险补助和投资保障。引导基金的参股比例最高不超过创业投资企业实收资本（或出资额）的25%，且不能成为第一大股东。引导基金按创业投资机构实际投资额50%以下的比例跟进投资，每个项目不超过300万元人民币。引导基金按照最高不超过创业投资机构实际投资额的 5% 给予风险补助，补助金额最高不超过 500 万元人民币。

3. 国家新兴产业创业投资引导基金

2015 年 1 月 14 日，国务院总理李克强主持召开国务院常务会议，决定设立国家新兴产业创业投资引导基金，助力创业创新和产业升级；部署加快发展服务贸易，以结构优化拓展发展空间。会议确定：一是将中央财政战略性新兴产业发展专项资金、中央基建投资资金等合并使用，盘活存量，发挥政府资金杠杆作用，吸引有实力的企业、大型金融机构等社会、民间资本参与，形成总规模 400 亿元的新兴产业创投引导基金。二是基金实行市场化运作、专业化管理，公开招标，择优选定若干家基金管理公司，负责运营、自主投资决策。三是为突出投资重点，新兴产业创投基金可以参股方式与地方或行业龙头企业相关基金合作，主要投向新兴产业早中期、初创期创新型企业。四是新兴产业创投基金收益分配实行先回本、后分红，社会出资人可优先分红。国家出资收益可适当让利，收回资金优先用于基金滚存使用。通过政府和社会、民间资金协同发力，促进大众创业、万众创新，实现产业升级。

4. 国家中小企业发展实体基金

2015 年 9 月，国务院决定设立国家中小企业发展基金，中央财政通过整合资金出资 150 亿元，建立总规模为 600 亿元的国家中小企业发展基金。截至 2017 年 9 月，募集基金总规模已达 195 亿元，四支实体基金共完成投资项目 100 个，投资金额 26.27 亿元，投资项目涵盖高端装备制造、新能源、新材料、生物医药、节能环保、互联网、信息技术等多个行业。刚刚修订完成的《中华人民共和国中小企业促进法》也明确要求有条件的县级以上政府都要设立中小企业发展基金。目前，在国家中小企业发展基金的示范引导带动下，许多省市都开始设立地方中小企业发展基金，所投项目地域基本覆盖了全国各区域，同时兼顾了对欠发达地区项目的投资。

5. 各级地方政府设立的产业引导基金

在经历了2002—2006年的探索起步、2007—2008年的快速发展、2009年至今的规范化运作三个阶段后，我国创业投资引导基金的政府引导作用日益增强，运作模式日趋完善，其发展已步入繁荣期。

在政府引导基金的设立上，各地方政府根据投资方向和重点，设立天使基金、股权基金、产业基金等。如2015年上半年设立的股权投资引导基金有山东省省级股权投资引导基金、重庆市战略性新兴产业股权投资基金等。从地域分布来看，在经济发达的东部地区引导基金设立密集，而中、西部经济欠发达地区设立的引导基金相对较少。具体来看，江苏和浙江地区是中国政府引导基金设立最密集的省份，云集了大批市级/区级引导基金。环渤海地区中，北京、天津、山东地区引导基金设立较多。中西部地区引导基金起步时间较晚，但近几年也逐渐活跃起来，湖北、四川、陕西、内蒙古是引导基金设立数量较多的地区，并不断出现10亿元级规模以上的引导基金。

五、基地和人才专项

（一）专项简介

基地和人才是科研活动的重要保障，相关专项要支持科研基地建设和创新人才、优秀团队的科研活动，促进科技资源开放共享。对科技部管理的国家（重点）实验室、国家工程技术研究中心、科技基础条件平台、创新人才推进计划，发改委管理的国家工程实验室、国家工程研究中心、国家认定企业技术中心等合理归并，进一步优化布局，按功能定位分类整合。加强相关人才计划的顶层设计和相互衔接。

（二）设立的目标

落实实施创新驱动发展战略要求，以提升国家自主创新能力为目标，着眼长远和全局，以国家实验室为引领统筹布局国家科技创新基地建设。国家科技创新基地按照科学与工程研究、技术创新与成果转化、基础支撑与条件保障三类布局建设。围绕国家战略和创新链布局需求，大力推动基础研究、技术开发、成果转化协同创新，夯实自主创新的物质技术基础。到 2020 年初步形成布局合理、定位清晰、管理科学、开放共享、多元投入、动态调整的国家科技创新基地建设发展体系。

（三）国家科技创新基地

2017 年 8 月 25 日，科技部、财政部、国家发改委联合发布《国家科技创新基地优化整合方案》（以下简称《方案》）。《方案》提出，到 2020 年初步形成布局合理、定位清晰、管理科学、开放共享、多元投入、动态调整的国家科技创新基地建设发展体系。《方案》提出要优化调整现有国家级基地。

根据整合重构后各类国家科技创新基地功能定位和建设运行标准，对现有试点国家实验室、国家重点实验室、国家工程技术研究中心、国家科技基础条件平台、国家工程实验室、国家工程研究中心等国家级基地和平台进行考核评估，通过撤、并、转等方式，进行优化整合，符合条件的纳入相关基地序列管理。同时，按照国家科技创新基地布局要求，遵循"少而精"的原则，择优择需部署新建一批高水平国家级基地，严格遴选标准，严控新建规模。加强与国家重大科技基础设施相互衔接，推动设施建设与国家实验室等国家科技创新基地发展的紧密结合，强化绩效评估，促进开放共享。

1. 科学与工程研究类国家科技创新基地

（1）组建国家实验室。按照中央关于在重大创新领域组建一批国家实验室的要求，突出国家意志和目标导向，采取统筹规划、自上而下为主的决策方式，统筹全国优势科技资源整合组建，坚持高标准、高水平，体现引领性、唯一性和不可替代性，成熟一个，启动一个。

（2）优化调整国家重点实验室。在现有试点国家实验室和已形成优势学科群基础上，组建（地名加学科名）国家研究中心，纳入国家重点实验室序列管理。对现有国家重点实验室进行优化调整和统筹布局，对依托高校和科研院所建设的学科国家重点实验室结合评估进行优化调整，对处于国际上领跑、并跑的国家重点实验室加大稳定支持力度，对处于长期跟跑的国家重点实验室要重新确定研究方向和任务，对多年来无重大创新成果、老化僵化的国家重点实验室予以调整。在科学前沿、新兴、交叉、边缘等学科以及布局薄弱与空白学科，依托高校、科研院所和骨干企业，部署建设一批国家重点实验室。统筹推进学科、省部共建、企业、军民共建和港澳伙伴国家重点实验室等建设发展。

2. 技术创新与成果转化类国家科技创新基地

对现有国家工程技术研究中心、国家工程研究中心、国家工程实验室等存量进行评估梳理，逐步按照新的功能定位要求合理归并，优化整合。国家发展改革委不再批复新建国家工程实验室，科技部不再批复新建国家工程技术研究中心。

（1）整合组建国家工程研究中心。对现由国家发展改革委管理的国家工程研究中心和国家工程实验室，按整合重构后的国家工程研究中心功能定位，合理归并，符合条件的纳入国家工程研究中心序列进行管理。结合国家重大工程布局和发展需要，依托企业、高校和科研院所，择优建设一批国家工程研究中心。

（2）布局建设国家技术创新中心。面向国家长远发展和全球竞争，依托高校、科研院所、企业部署一批战略定位高端、组织运行开放、创新资源集聚的综合性和专业性国家技术创新中心。对现由科技部管理的国家工程技术研究中心加强评估考核和多渠道优化整合，符合条件的纳入国家技术创新中心等管理。

（3）布局建设国家临床医学研究中心。依据疾病领域和区域的布局要求，依托相关医疗机构建设一批国家临床医学研究中心，大规模整合临床医学资源，构建大数据、样本库等专业化的临床医学公共服务平台。

3. 基础支撑与条件保障类国家科技创新基地

（1）优化调整国家科技资源共享服务平台。对现有国家科技基础条件平台进行优化调整，通过绩效考评，符合条件的纳入国家科技资源共享服务平台序列进行管理。围绕科研仪器、科研设施、科学数据、科技文献和实验材料等领域，根据功能定位和建设运行标准，依托科研院所、高校建设一批国家科技资源共享服务平台。完善各类国家科技资源数据库、生物种质、人类遗传等资源库建设，加强科技基础资源调查。

（2）优化调整国家野外科学观测研究站。制定国家野外科学观测研究站数据获取、研究分析和共享服务能力的认定标准，对现有台站进行评估考核，符合条件的纳入国家野外科学观测研究站序列进行管理。在具有研究功能的部门台站基础上，根据功能定位和建设运行标准，依托科研院所、高校择优遴选建设一批国家野外科学观测研究站。

（四）实施进度和工作要求

2017年，各类国家科技创新基地牵头单位要会同有关部门，根据不同科技创新基地的功能定位和任务要求，按照分类管理和规范运行的原则，完成细化的建设发展方案和相应的管理办法制定，明确建设运行标准和建设规模，根据国发〔2014〕64号文件和方案要求开展优化整合和建设工作。

2018年，全面按照优化整合后的"基地和人才专项"运行，不再保留优化整合之前国家科技创新基地经费渠道。各类国家科技创新基地牵头单位要创新管理机制，完善组织实施方式，完成基地优化整合工作，有序推动各类国家科技创新基地建设发展。

第三节　国务院发布的相关文件

科技创新作为我国重要的国家战略，国务院发布了多个重要文件来支持相关工作。根据从国务院办公厅《政府信息公开指南》查阅到的相关结果，共查阅到科技目录下的文件数量为 100 多个，其中国发文件 30 多个。近几年来国务院发布的重要的科技管理文件，如表 9-4 所示。

表 9-4　国务院发布的部分科技管理文件

序号	标题	发文字号	成文日期	发布日期
1	国务院关于印发国家技术转移体系建设方案的通知	国发〔2017〕44号	2017年9月15日	2017年9月26日
2	国务院关于强化实施创新驱动发展战略进一步推进大众创业万众创新深入发展的意见	国发〔2017〕37号	2017年7月21日	2017年7月27日
3	国务院关于印发新一代人工智能发展规划的通知	国发〔2017〕35号	2017年7月8日	2017年7月20日
5	国务院关于印发中国落实2030年可持续发展议程创新示范区建设方案的通知	国发〔2016〕69号	2016年12月3日	2016年12月13日
8	国务院关于印发"十三五"国家科技创新规划的通知	国发〔2016〕43号	2016年7月28日	2016年8月8日
10	国务院关于印发实施《中华人民共和国促进科技成果转化法》若干规定的通知	国发〔2016〕16号	2016年2月26日	2016年3月2日
12	国务院关于加快构建大众创业万众创新支撑平台的指导意见	国发〔2015〕53号	2015年9月23日	2015年9月26日
13	国务院关于大力推进大众创业万众创新若干政策措施的意见	国发〔2015〕32号	2015年6月11日	2015年6月16日
15	国务院关于国家重大科研基础设施和大型科研仪器向社会开放的意见	国发〔2014〕70号	2014年12月31日	2015年1月26日

续表

序号	标题	发文字号	成文日期	发布日期
16	国务院印发关于深化中央财政科技计划（专项、基金等）管理改革方案的通知	国发〔2014〕64号	2014年12月3日	2015年1月12日
17	国务院关于加快科技服务业发展的若干意见	国发〔2014〕49号	2014年10月9日	2014年10月28日
19	国务院关于印发国家重大科技基础设施建设中长期规划（2012—2030年）的通知	国发〔2013〕8号	2013年2月23日	2013年3月4日
20	国务院关于印发"十二五"国家自主创新能力建设规划的通知	国发〔2013〕4号	2013年1月15日	2013年5月30日
28	国务院关于印发实施《国家中长期科学和技术发展规划纲要（2006—2020年）》若干配套政策的通知	国发〔2006〕6号	2006年2月7日	2008年3月28日

第四节 科技部发布的相关文件

科技部发布的部分科技管理文件，如表9-5所示。

表9-5 科技部发布的部分科技管理文件

序号	日期	名称
1	2018-02-24	科技部财政部关于印发《国家科技资源共享服务平台管理办法》的通知
2	2018-02-08	科技部发展改革委财政部关于印发《国家科技重大专项（民口）验收管理办法》的通知
3	2017-08-24	科技部中央军委科学技术委员会关于印发《"十三五"科技军民融合发展专项规划》的通知

续表

序号	日期	名称
4	2017-06-28	科技部财政部关于印发《国家重点研发计划管理暂行办法》的通知
5	2017-06-27	科技部发展改革委财政部关于印发《国家科技重大专项（民口）管理规定》的通知
6	2017-01-17	科技部财政部发展改革委关于印发《科技评估工作规定（试行）》的通知
7	2017-01-17	科技部发展改革委教育部等关于印发《国家科技计划（专项、基金等）严重失信行为记录暂行规定》的通知
8	2017-01-17	科技部办公厅关于印发《科技部落实国家科技计划管理监督主体责任实施方案》的通知
9	2017-01-17	科技部关于印发《科技监督和评估体系建设工作方案》的通知
10	2017-01-17	科技部财政部关于印发《中央财政科技计划（专项、基金等）监督工作暂行规定》的通知
11	2017-01-10	科技部关于印发《中央财政科技计划（专项、基金等）科技报告管理暂行办法》的通知

第十章

企业科技战略

第一节　科技战略在企业可持续发展中的地位

一、科技创新可以提升企业的核心竞争力

市场经济本质是竞争经济。随着社会经济的发展，企业间的竞争日趋激烈，企业间的竞争重心也逐渐转移到科技创新的竞争，科技创新对企业的生存和发展起着决定性作用。创新一方面提高物质生产要素的利用效率，降低投入；另一方面又通过引入先进设备和先进工艺，从而降低成本。当前竞争日益激烈，很多产品更新换代周期缩短，科技创新对提高产品质量、实现产品多样化战略和产品的快速更新迭代具有不可忽视的作用。同时，也只有通过创新，才能形成企业独特的品牌优势。创新还可促进企业组织形式的改善和管理效率的提高，从而使企业不断提高效率，不断适应经济发展的要求。在知识经济时代，企业只有依据市场变化，不断调整产品结构，提高技术水平，推陈出新，才有可能在激烈的竞争中立于不败之地。从这个意义上说，创新是企业生存和发展的必要前提，是企业生命力的不竭源泉。

当前，我国已经有一些企业在世界 500 强中位置比较靠前，但从世界范围来看，目前整体上我国许多企业在科技创新中的地位仍有待进一步提升。在发达国家，90% 的跨国公司把技术创新作为企业战略的主体内容，80% 的企业建立了研发中心，大多数企业至少把销售额的 5% 投入到研究开发当中；而在我国，许多企业的核心技术和装备基本上依赖进口，2.8 万家大中型企业中，拥有研发机构的仅占 1/4，超过半数的中央企业科技投入不足主营收入的 0.5%。

从 2012—2016 年我国科研情况可以看出，我国行业间研发经费投入强度差异较大，但是总体水平不高。要 2020 年时使我国进入创新型

国家行列,到 2030 年时使我国进入创新型国家前列,到中华人民共和国成立 100 年时使我国成为世界科技强国的科技事业发展目标,我们还有许多工作要做。2012—2016 年我国科研情况,如表 10-1 所示。

表 10-1 2012—2016 年我国科研情况

指标	2016 年	2015 年	2014 年	2013 年	2012 年
研究与试验发展人员全时当量(万人年)	387.80	375.88	371.06	353.30	324.70
研究与试验发展基础研究人员全时当量(万人年)	27.47	25.32	23.54	22.32	21.22
研究与试验发展应用研究人员全时当量(万人年)	43.89	43.04	40.70	39.56	38.38
研究与试验发展试验发展人员全时当量(万人年)	316.44	307.53	306.82	291.40	265.09
研究与试验发展经费支出(亿元)	15677.00	14169.88	13015.63	11846.60	10298.41
研究与试验发展基础研究经费支出(亿元)	822.89	716.12	613.54	554.95	498.81
研究与试验发展应用研究经费支出(亿元)	1610.49	1528.64	1398.53	1269.12	1161.97
研究与试验发展试验发展经费支出(亿元)	13243.36	11925.13	11003.56	10022.50	8637.63
研究与试验发展政府资金经费支出(亿元)	3140.81	3013.20	2636.08	2500.58	2221.39
研究与试验发展企业资金经费支出(亿元)	11923.54	10588.58	9816.51	8837.70	7625.02
发表科技论文(万篇)	165.00	164.00	157.00	154.00	152.00
出版科技著作(种)	53284	52207	47470	45730	46751
科技成果登记数(项)	58779	55284	53140	52477	51723
国家技术发明奖(项)	66	66	70	71	77
国家科学技术进步奖(项)	171	187	202	188	212
专利申请受理数(项)	3464800	2798500	2361243	2377061	2050649
发明专利申请受理数(项)	1338503	1101864	928177	825136	652777
专利申请授权数(项)	1753800	1718192	1302687	1313000	1255138
发明专利申请授权数(项)	404208	359316	233228	207688	217105

续表

指标	2016 年	2015 年	2014 年	2013 年	2012 年
高技术产品进出口额（亿美元）	11278.97	12045.88	12119.00	12185.00	11080.30
高技术产品出口额（亿美元）	6041.74	6552.97	6605.00	6603.00	6011.70
高技术产品进口额（亿美元）	5237.24	5492.91	5514.00	5582.00	5068.60
技术市场成交额（亿元）	11407.00	9835.79	8577.00	7469.13	6437.07

数据来源：国家统计局。

目前我国的科技研发和高技术产业发展之间存在一个很大的鸿沟——科技研究与开发游离于企业：一方面，高等院校、科研院所远离企业和市场，研究的许多项目目标不明确，甚至不符合市场需要；另一方面，企业缺乏强有力的研究开发机制。

二、科技创新是企业持续发展的内生动力

影响企业发展的因素很多，经营、管理、技术是其中的主要因素。无论管理还是技术，无一不是为企业的经营，即生存问题服务。在当今市场环境下，企业要生存，就要拿出升级换代、适销对路的新产品，如何在持续的竞争中取得竞争优势，是每一家企业应该长期思考的问题。真正的核心技术、关键技术是买不来的，必须依靠企业自主创新才能实现。因此，企业只有将创新融入到企业的"血液"之中，充分发挥人才优势和技术优势，通过科技创新，树立企业的品牌和形象，提高核心竞争力，才能使企业获得长远发展的不竭动力。

进行科技创新，企业领导者的创新意识很重要。企业领导者的创新意识将会直接影响到对企业创新能力的建设。领导者的创新意识通过具体言行表现出来，影响着企业的创新氛围和员工的创新意识。因此，企业领导要重视创新，把创新理念变成一种巨大的创新动力，并在人力资源等方面创造条件，使企业在科技创新方面有一个良好的环境氛围，这

是提高企业创新能力的重要前提条件。

完善的科研体系是创新的基本条件。企业应根据市场发展需要，建立一套与本企业相适应的科技创新体系，不断提升自主创新能力。在实践中不断完善以企业为主体，以市场为导向的产、学、研、用相结合的科技创新体系。企业还可以根据自身的需求与大学或科研单位开展合作，从而能达到优势互补、共同受益的效果。

企业应加强创新型人才队伍建设。在一个企业中，创新人才是一个企业能否实现创新最重要的因素。科技创新主要靠具有创新能力的科技人才，科技人才是科技创新的宝贵资源，企业要强化创新能力必然要从人才入手。因此，企业应引进和培养创新人才，不断优化人才结构，加大创新型人才的激励机制，把各类优秀人才集聚到企业中来。要充分调动创新型人才的工作积极性和主动性，从多方面为创新人员创造良好的软环境，努力培养一支强大的科技创新团队，使之成为创新引领发展的主力军。

拥有了创新意识、科研体系、人才队伍之后，如何将这一体系进行有效整合并发挥最大效用就成了关键问题，这就需要企业制定科学、合理、有效的科技战略。科技创新的范围很大，生产工艺创新、产品性能结构创新、设备性能升级改造、新产品研发等都属于科技创新。合理的科技战略规划能够为企业指明发展的方向，让企业少走弯路，提升科技创新的能力，激发科研人员的热情。科技奖励制度是促进自主创新的一种机制，企业应在实践中不断完善。如果社会和企业都自觉而明智地去塑造有利于科技创新的制度环境，就能激发科技创新的社会潜能，提高科技创新的动力及成果应用率，为社会创造更大的效益。

第二节 企业如何规划科技战略

一、参照国家战略方向

(一) 国家科技战略对产业的发展有重要影响

改革开放 30 多年以来，我国社会主义市场经济体制不断完善，经济市场化程度不断提高。面对经济发展新形势、新问题、新挑战，进一步完善社会主义市场经济体制所需要解决的主要矛盾，突出表现为处理好政府和市场的关系。

关于政府与市场之间关系的讨论从来没有停止过，但无论什么样的观点，不可否认的是，在经济发展的过程中，政府对产业的引导不可或缺。我国制造业存在的一些突出问题，比如共性技术缺失、基础薄弱等，仅靠市场调节机制和企业的力量解决不了，还有一些市场机制失灵的地带需要政府的力量去干预。如此，政府制定重大产业政策引导产业发展是世界主要制造大国的通行做法。近年来，新一轮科技革命与产业变革已经掀起，许多国家无不选择通过推动技术创新应用巩固和提升制造强国的优势地位。

当今世界，新科技革命和全球产业变革正在孕育兴起，新技术突破加速带动产业变革，对世界经济结构和竞争格局产生了重大影响。移动互联网、智能终端、大数据、云计算等新一代信息技术发展将带动众多产业变革和创新，绿色经济、低碳技术等新兴产业蓬勃兴起。世界主要国家纷纷加快发展新兴产业，加速推进数字技术同制造业的结合，推进"再工业化"，力图抢占未来科技和产业发展制高点。

在这种形势下，我国既面临着如何壮大新兴产业，如何发展先进制造业以及如何淘汰落后产能等多重问题，也面临着产业结构、产品结构、需求结构调整等巨大变化，政府推出多项改革措施，重点解决制约产业发展的突出问题。企业作为市场主体，需要利用市场的导向指引，发挥企业的自主判断、自我决策能力，以市场为导向配置内部人财物，改革体制机制，再造生产流程，把创新驱动与市场需求结合起来。必须考虑国家战略方向的导向作用，企业的产业规划也要结合科技计划体系、中国制造 2025 体系、战略性新兴产业来进行规划。企业制定科技战略可以依照宏观——中观——围观的次序逐步细化。从宏观角度，企业所处的行业是否符合国家发展的方向。

（二）企业制定自身科技战略，首先要考虑是否符合国家的战略方向

国家战略系国家整体利益、长远利益、根本利益之所在，关系国家的政治、经济、社会发展方向和国家安全，亦是关系全体人民福祉安危的国之根本。当今我国在经济领域的国家战略已达成基本共识，即发展实体经济、调整经济结构、促进产业升级增效。毫无疑问，发展实体经济等不仅已成共识，而且也成为制定各种经济、金融政策的"出发点"。如果企业的科技战略符合国家的战略方向，无疑会给企业带来更多的发展机遇。

科研方向要与国家战略方向相吻合，就必须研究和学习国家的发展战略，紧跟时代步伐，做国家战略的执行者和推动者，努力打造一批国内领先、国际一流的核心技术，敢于挑战与攻克世界级难题，向国际领先水平冲刺。实施上，国家现在很多科技政策都是开放的，除了国企、央企等一些大型企业外，很多民营的中小型企业都有参与的机会。但从现状来看，很多中小企业对国家的科技战略不够了解，或者认为这样的机会不会落到自己企业身上，缺乏主动出击的积极性，从而错失了很多发展壮大的机会。例如，中国制造 2025、国家自然科学基金、国家科技重大专项、国家重点研发计划等都会公布相关任务的项目指南、相关

技术研究方向、重要参数、申报资质、申报流程等全部内容,如果企业所属领域与国家战略方向一致,通过项目申报后就可以参与相关课题,并获得相应的国家支持。

科研方向要与国家战略方向相吻合,就必须积极探索前沿的先进技术,攻克相关领域急需的关键技术,善于把科技成果转化为现实生产力,要让科研与生产相结合,解决实际问题。

战略性新兴产业代表了未来可能崛起的产业情况,如表10-2所示。

表10-2 战略性新兴产业代表了未来可能崛起的产业情况

阶段	"十二五"战略性新兴产业	"十三五"战略性新兴产业
包含的行业	1. 节能环保 2. 新一代信息技术 3. 生物 4. 高端装备制造 5. 新能源 6. 新材料 7. 新能源汽车	1. 新一代信息技术 2. 高端制造 3. 生物经济 4. 绿色低碳 5. 数字创意
产业规模	2015年,战略性新兴产业增加值占国内生产总值比重达到8%左右	到2020年,战略性新兴产业增加值占国内生产总值比重达到15%,形成新一代信息技术、高端制造、生物、绿色低碳、数字创意5个产值规模10万亿元级的新支柱

二、考虑企业自身实际

企业制订自身计划,离不开自身的实际情况,也就是说企业要有定力面对外部热点轮换,逐步完善科技创新体系建设,切实提升科技创新能力和管理水平,为公司产业发展提供强有力的科技支撑。

根据企业的产品生产流程、产业链来制定产业规划,如表10-3所示。

表 10-3　根据企业的产品生产流程、产业链来制定产业规划

中国制造2025	工业强基	智能制造 绿色制造	首台（套）设备
企业	原材料	生产工艺	生产设备
产业规划	1. 从产业链的角度考虑，产业链上的龙头单位都有哪些；每个环节对应的产业发展规划指南，是否能对应上战略性新兴产业 2. 企业的薄弱环节是什么，别人的智能制造水平、工艺是什么样的，怎么追赶 3. 政策规划部分要采用正反向思维，需要举例佐证之前的决策		
		能否采用节约、环保工艺	是自有的还是改良的，是否对应首台（套）设备

资料来源：联盟整理。

第一，确定好主业，企业只有专注于某一产业或领域，才能够在产品、技术、客户等方面形成积累，继而在企业进行转型升级和走向海外市场时占据主动。例如，华为一直专注于通信科技领域，其成为全球通信行业的领导者，依靠的就是集中力量、攻其一点形成突破的聚焦战略。专注聚焦的战略正是这些企业始终能够快速创新转型成功的原因之一。这种"专注力"一方面使得其能够对客户的痛点和难点有更深刻的认识和了解，从而帮助客户提高效率、管控成本、促进节约、提升管理能力，进行产品和业务创新；另一方面也使得其能够有更深厚的技术和产品经验积累，能够研发出符合行业发展规律、引领行业发展方向的产品和服务。

第二，企业需要持续进行自主研发并做好知识产权的保护工作。企业科技竞争取决于企业的自主创新能力，知识产权是企业自主创新的基础与衡量指标，企业经过持续的技术创新活动，使得自主知识产权的核心技术不断发展，并使之产权化，然后再将其投入到生产领域，进而进入市场。实际上，企业要想在日益激烈的市场竞争中取得先机，专利是

必不可少的保证。专利战略作为知识产权的重要部分,是企业利用专利保护自己和打击对手的竞争策略,众多中国企业的出海经验已经说明,只有拥有自主知识产权才能够在海外扩张时占据主动权,否则必然困难重重。像小米、魅族等国产手机厂商在大力向海外市场拓展时,都曾遭遇专利诉讼,而只有掌握核心专利,才可能在知识产权交锋中处于优势地位,并可以通过授权、专利互换等模式获得发展机会。

第三,善于借势,抓住战略机遇期。例如,利用当前"互联网+"时代实现转型升级,构建属于自己的跨界创新生态,打造产业生态圈更为重要。对很多企业来说,在进行科技创新和转型的过程中,最大的挑战就是如何平衡和维护好合作伙伴、客户等产业链各方面关系和利益,同时能够从外部获取优势资源进行整合。要实现这些,搭建一个开放合作的平台,打造多方共赢的生态圈可谓一大路径。

企业不能一味追踪热点,防止急功近利,要沉下心来,进一步涵养有利于创新的制度体系和文化土壤。诚然,国家战略代表了国家对未来趋势的判断,但并不代表企业一定要追逐热点。追踪热点在科技平稳发展时还可以跟踪模仿乃至并行,一旦出现颠覆性技术就会被迅速甩在后面。科学发展的土壤一旦形成,就能蓄足科技创新的持续发展能力和后劲,新技术出现,形成新动能、新经济时就能占得先机。

从现在到 2050 年建成世界科技强国,还需要两个 15 年中长期科技计划。要持续开展科技发展路线图战略研究,研判新一轮科技革命和产业变革发展方向,针对我国发展瓶颈问题,制定我国重要领域科技发展路线图和重要产业技术发展路线图,谋划好梯次接续的两个中长期规划。同时,要充分考虑到科技突破有时具有不确定性的现实情况,制定和实施规划时要根据科技发展的情况进行动态调整。

三、谋远景,思当下

企业发展战略是企业发展计划的路线和纲领,企业经营成败很大程度上取决于企业的经营策略。有的企业虽然制定了发展目标,但是由于缺乏从长远的角度考虑，只注重企业的眼前需要，导致企业在发展过程中缺乏长远规划，发展目标不明确，以至于企业在竞争中不能长久。因此企业在制定科技战略中要充分考虑企业的经营方向，包括产业、领域、产品系列。关注本行业的发展趋势，关注国家相关产业政策和发展规划，这样能够及时调整发展方向，为企业的长远发展打下有利基础。

当前，世界科技有一些新的发展趋势，科技发展呈现多点突破、交叉汇聚的趋势。新一代信息技术的快速发展与创新模式变革将推动科学技术本身的深刻变革。物联网、云计算、社会计算、大数据、第五代移动通信技术等新一代信息技术与用户创新、开放创新、大众创新、协同创新等创新模式结合，将给科学技术带来变革性影响，企业要善于利用这些发展趋势，把握行业发展脉络，思考企业自身实际，及早布局。

企业在制定长远发展规划之后，还需要思考每一步实施的具体步骤。立足于现有业务来分步实施。一般而言，将生产、研发计划相结合，可以助力企业培育新业务，实现转型升级。企业生产、研发计划体系，如表10-4所示。

表10-4　企业生产、研发计划体系

计划层次	计划种类	说明
长期计划 （3~5年或十年规划）	生产战略计划	确定企业经营方向和经营领域、产品门类和系列 需要关注国家长远发展规划、战略新兴产业情况、国家五年计划、相关产业国家政策等
	长期研发计划	关注行业发展趋势，现有产品生产有没有新技术产生，评估新技术实现产业化的可能性，有没有可替代技术，按照生产厂战略计划研发新产品

续表

计划层次	计划种类	说明
年度计划	年度生产计划	规定计划年度内的产品品种、质量、产量和产值等生产指标
	生产进度计划	按照年度生产计划具体化为按照产品规格来规定的产量计划
	研发计划	现有研发能否对生产计划进行支撑
短期计划	物料需求计划	将年度生产计划分解成产品和各种物料的需要数量和时间计划,以及这些物料投入生产或者提出采购申请的时间计划
	生产能力需求计划	即设备的复合计划,根据工艺和工时,来预计各工作中心在各个时间周期中应提供的生产能力数量。然后经过实有生产能力的平衡,编制出车间的生产作业计划
	车间作业计划	包括作业分派、电镀和生产进度的监控与统计工作,对外采购物料则编制物料供应与实施控制计划

四、关注国家年度重大科技成果

企业制定科技产业发展规划,以实现品牌的核心价值可持续发展。这是国家在"十三五"期间重新修订的国家科技发展体系。第一是国家自然科学基金。第二是国家重大专项,聚焦国家重大战略产品和目标。第三是国家重点研发计划,解决国民经济和社会发展主要领域的重大核心和关键问题。第四是技术创新引导专项基金。第五是基地和人才专项。

企业科技计划和品牌培育发展体系是企业设计的产业发展体系,是对企业未来产业布局的引导,从企业自身出发关注的应该是产业定位,规划企业自己的产业发展领域。重点研发计划,应该是企业要做的产业化及示范建设，形成产业发展的规模。专项基金是，企业要布局，当形成产业规模之后要布局对外融资，引入资本运营。基地和人才专项，对应企业的是人才培育，提升企业的创新能力，这是企业发展过程中的一个科技计划体系。品牌的培育也一定是在先进科技成果的前提下，通过科技产业、政策、资本、人才整个体系的规划和设计而实现的。

五、借力第三方，专业的事交给专业的人

当今世界，科技创新正在朝着绿色、健康、智能方向发展，并与各个学科深度融合，广泛渗透到人类社会的各个方面，成为重塑世界格局、创造人类未来的主导力量。科技创新的复杂性使得企业有时很难判断未来的发展趋势，而第三方机构长期从事科技战略研究工作，有能力提供可操作的、具有前瞻性的专业建议。

2015年7月，中共中央办公厅、国务院办公厅印发《中国科协所属学会有序承接政府转移职能扩大试点工作实施方案》，对扩大试点工作的总体要求、工作原则、主要内容、组织实施、工作制度、工作流程、保障措施做出明确规定，要求各地区各部门结合实际认真贯彻落实。

方案要求，围绕全面深化改革的总体部署，充分发挥科技社团独特优势，有序承接政府转移职能。强化效果监督和评估，形成可复制可推广的经验和模式，建立完善可负责、可问责的职能转接机制，为全面深化改革、推进国家治理体系和治理能力现代化提供示范案例。

方案明确，在相关科技评估方面，国家重点实验室等评估将交给第三方。这进一步明确了第三方机构在科技管理中的作用。第三方机构作为沟通企业和科研院所之间的桥梁，接受科技部等部门委托，以后评估为重点，开展国家科研和创新基地评估、科技计划实施情况的整体评估、科研项目完成情况评估三个方面的探索。比如围绕科技部管理的国家实验室、国家重点实验室、国家工程技术研究中心和国家发展改革委管理的国家工程研究中心等的运行情况和能力建设，由政府部门按照中

央科技计划管理改革要求择优委托具备条件的学会、专业机构等作为第三方，按照要求开展相关评估工作。围绕国家科技重大专项、国家重点研发计划等科技计划，根据国家科技计划监督评估通则和标准规范，按照中央科技计划管理改革要求和工作实际需要，配合开展科技计划的实施情况、绩效、成果等整体评估，从反馈角度对相关机构组织实施计划任务情况提出评估咨询意见。

第三方机构长期从事科技服务工作，对我国的科技战略具有深刻理解，能够结合企业情况快速寻找企业定位，为企业科技战略的制定提供专业的、具有前瞻性的指导意见，特别是短中长期战略相结合，可以避免企业科技战略不可落地，并保持战略的一致性。

第十一章
科技战略引领案例

第一节 湖南中锂新材料有限公司

一、锂电池行业发展概况

锂电池的发明者是美国人，毕业于耶鲁大学和芝加哥大学的 John Goodenough 教授。世界上第一个将锂电池实现商业化生产的公司是日本的索尼公司，1991 年商业化生产锂离子电池用于消费电子产品。锂离子电池产业从 20 世纪 90 年代初发明以来，至今已有大约 30 年时间，这个行业从最初的日本垄断，到日韩争霸阶段，再到中日韩三足鼎立的局面，现在逐渐开始向中国垄断的方向发展。

锂电池主要用于两大产业：一个是消费电子产品，一个是汽车。

宁德时代创始人曾毓群说过："日本人发明了锂电池，韩国人把它做大，中国人把它做到世界第一。"这是对世界锂电池竞争历程的高度概括。早期锂电池行业的巨大利润吸引了韩国和中国的进入，韩国企业通过自动化生产、全球采购原材料、异国建厂降低成本，背靠财阀资金支持强化市场竞争力，涌现出三星 SDI、LG 这样的锂电池巨头。

2016 年，全球 10 强锂电池公司而日本有两家：松下和索尼。韩国有两家：三星和 LG。剩下的全部是中国企业，其中比亚迪市场价额较大。

按照国家来分，中国厂家占了全球 60% 的销售额，日本占 17%，韩国占 23% 左右。从目前来看，中国厂家的增长速度要高于日韩，也就是中国占世界的份额还在继续提升。

从种类来看，国内以磷酸铁锂材料为主，国外基本上是以三元材料为主，负极材料以石墨类材料为主。从整个产业链的技术水平对比情况看，中、日、韩处于第一集团。日本在整个电池的技术开发方面处于领先地位；韩国在产品应用方面做得较多；而我国整个产业链是全球最完整的，产能是全球最大的，研发和产业化的投入相对来说也是最大的。

值得注意的是，目前锂电池行业竞争战已从配套客户的争夺烧到了上游原材料领域，世界各地的锂矿、镍矿、钴矿资源炙手可热，很多汽车品牌也加入了争夺大战，抢先布局的动力电池企业将享有主动权。

综上所述，中国动力电池市场份额已经位居世界第一，但日韩在创新能力上仍有优势，特别是在先进技术研发、产品一致性、制造工艺、设备等领域我国还需要追赶，政策稍有松动，三星、LG、松下随时都能强势重来。除了中日韩外，欧美企业普遍重视全固态锂电池、锂硫电池、锂空气电池等新技术，随机可能成长为新的强有力的竞争者。

二、国内相关产业政策

从2009年起，我国出台政策对新能源汽车进行补贴，极大地促进了动力电池相关行业的发展。"十三五"计划——新能源汽车重点研发专项（2016—2020）和"中国制造2025"都对动力电池提出了发展目标。国家重点研发计划也连续多年发布了"新能源汽车"专项，里面有多项内容涉及动力电池的相关课题。

（一）《促进汽车动力电池产业发展行动方案》（简称《方案》）

发文单位：国家工信部、发改委、科技部、财政部

制发日期：2017年3月1日

主要内容：该方案指明了未来几年我国动力电池产业的发展方向，即持续提升现有产品的性能质量和安全性，进一步降低成本，2018年前保障高品质动力电池供应；大力推进新型锂离子动力电池研发和产业化，2020年实现大规模应用；着力加强新体系动力电池基础研究，2025年实现技术变革和开发测试。

《方案》提出发展目标：到2020年，新型锂离子动力电池单体比能量超过300瓦时/公斤，系统比能量力争达到260瓦时/公斤，成本降至

1元/瓦时以下，使用环境达 -30℃到55℃，可具备3C充电能力。到2025年，新体系动力电池技术取得突破性进展，单体比能量达500瓦时/公斤。到2020年，动力电池行业总产能超过1000亿瓦时，形成产销规模在400亿瓦时以上、具有国际竞争力的龙头企业。这些数字已经成为业内企业制订电池技术提升计划的重要参考。目前国际主流电池类型基本为磷酸铁锂和三元锂电池，其中我国2017年两种电池装机占比合计达到93.3%。当前这两种电池能量密度提升和成本下降还有一定空间，在产业中还有一段发展期。

（二）《重点新材料首批次应用示范指导目录》（简称《指导目录》）

发文单位：国家工信部

制发日期：2017年7月14日

主要内容：《指导目录》涉及新能源领域的新材料有四项，包括高性能锂电池隔膜、镍钴锰酸锂三元材料、负极材料、高纯晶体六氟磷酸锂材料。

（三）《外商投资产业指导目录（2017年修订）》（简称《指导目录》）

发文单位：国家发改委、商务部

制发日期：2017年7月28日

主要内容：《指导目录》针对新能源行业，该目录取消了外资在新能源汽车动力电池领域准入限制，放宽了纯电动车等领域准入限制。外资企业如与中方合资伙伴联合兼并国内其他汽车生产企业，以及建立生产纯电动汽车整车产品的合资企业，可不受合资车企只得在国内建立两家及两家以下生产同类（乘用车类、商用车类）整车产品限制。

2017年，我国锂电池的市场规模已经达到了1130亿元左右，其中动力锂电池规模大约600亿元。目前我国电池生产企业已超过200家，是全球拥有锂电池生产企业最多的国家。预计到 2020 年，我国在全球电池市场所占的份额将达七成以上。

目前，锂电池中正极材料、负极材料、电解液、隔膜这 4 个部分总共占到锂电池成本的 85%。常用的锂电池正极材料如钴酸锂、锰酸锂、镍钴锰酸锂三元材料和磷酸铁锂等均已实现国产化。最常见的负极材料为碳基负极材料，如人工石墨、天然石墨等，目前国内企业已经实现批量生产。电解液也已基本实现国产化，在高、中、低端市场，都可满足我国锂电池生产的需要，还有部分出口。

综观中国动力电池产业全局，上游有丰富的锂矿资源，正极材料、负极材料、电解液等关键原材料，制造装备也能完全国产化；再看产业链下游，中国拥有世界最大的新能源汽车市场，当前自主品牌几乎垄断了市场份额；政府层面又营造了良好的政策及补贴环境，未来几年将是中国动力电池企业的黄金蓄力期。

三、企业科技战略布局

湖南中锂新材料有限公司（以下简称湖南中锂）（见图 11-1）成立于 2012 年，是一家专业从事锂离子电池湿法隔膜的研发、生产、销售为一体的高新技术企业，目前拥有湖南常德、湖南宁乡、内蒙古呼和浩特三地生产与研发基地，拥有技术研发、营销管理、高级管理及专业技术等人员 1200 多人，其中大专及以上学历占 60%，拥有湿法隔膜核心技术领域的 23 项知识产权。

湖南中锂拥有全套引进日本东芝的湿法隔膜制造设备，综合年产能达 4 亿平方米，产值 20 亿元，利税 10 亿元，是国内技术最先进、综合规模最大的新能源汽车用锂离子电池湿法隔膜的研发和制造商。其产品以电动汽车用锂电池专用隔膜 SHS 系列产品为主。湖南中锂产品主要供应沃特玛、宁德时代和比亚迪等行业重点客户。

图 11 – 1 湖南中锂新材料有限公司

公司十分注重科技战略在企业成长中的作用，设立专门的组织机构来负责科技战略的执行，并且在产学研用合作方面取得了很大进展。

(一) 公司成立科技战略委员会来负责科技战略的执行

2017 年 4 月 25 日工业和信息化部等 3 部委发布关于印发《汽车产业中长期发展规划》、《国家中长期科学和技术发展规划纲要 (2006—2020 年)》、国务院印发的《"十三五"国家战略性新兴产业发展规划》、《湖南省十三五战略性新兴产业发展规划》等，结合公司的发展实际情况，设立专门的科技战略委员会。

以公司董事长项效毅牵头，联合行业内知名高校专家研发团队、项目技术负责人等形成独立的科技战略委员会，以专业化的组织机构来确保科技战略方案的实施。通过企业科技战略的设立与运行，加快企业的科技研发速度与效率，提升企业科技成果转化成功率。

（二）加强产学研用合作

公司与中国科学院理化技术研究所、中科院物理所、中南大学等高等院校进行产学研合作，在新能源发展的前沿技术，开展固态锂电池的离子涂覆隔膜材料技术开发、功能性膜材料联合实验室等基础技术研究；同时与客户之间进行产研用合作，形成紧密的产学研用四位一体的合作关系。在合作过程中形成技术点，结合行业的技术发展趋势，结合国家产业发展战略的目标，进行科技战略的设立。

2016年，公司与中科院理化所联合成立湖南中锂膜科学院、中科院-湖南中锂联合实验室。

2017年，公司与中科院理化所签订离子涂层隔膜技术产学研合作协议。

2017年，公司与中南大学签订产学研合作基地协议。

2017年，公司与中科院理化所、中南大学、湖南文理学院联合成立先进动力电池隔膜材料湖南省工程研究中心。

四、发展成果

目前湖南中锂新材料有限公司已经发展成为国内规模最大的湿法隔膜材料研发与制备企业，公司利用先进的生产设备及自主研发的湿法隔膜生产工艺技术，制备出高端锂离子电池湿法隔膜，其产品质量符合新能源动力电池的要求，其产品在物理性能和热性能上已领先国内同行，个别指标已优于国外同类产品，现已达到替代进口的标准，在国内市场取得了一致认同。

公司现已取得了12项实用新型和3项发明专利授权，其多项工艺技术经过国家工信部鉴定，被认定为国际先进，填补了湿法隔膜中国自主生产的空白。利用公司的技术优势与规模优势，所生产的超薄及陶瓷涂覆隔膜材料被宁德时代新能源科技股份有限公司（CATL）、惠州亿纬锂能股份有限公司（EVE）、国轩高科、珠海光宇、惠州比亚迪电池有限公司（BYD）等国内动力电池排名前十的客户群体采纳应用，并成为其战略合作伙伴，综合技术及产能规模占据国内隔膜行业第一、全球第三的领头地位。

2017年8月，长园集团召开董事会和监事会会议审议通过了收购湖南中锂的议案，以19.2亿元现金收购湖南中锂80%股权，收购完成后公司持有湖南中锂90%股份。

五、科技战略对企业的意义

湖南中锂成立时间并不长，短短几年成长为国内规模最大的湿法隔膜材料研发与制备企业，这与企业长期以来重视研发、重视产学研合作用一体的合作模式有很大关系。

隔膜是锂电池材料中技术含量最高的高附加值材料，隔膜的性能优劣，直接影响电池的容量、寿命及安全性能。作为少数几家能够批量生产隔膜材料的厂家，企业与研究院所以及下游客户的合作都为企业把握发展方向起到了重要作用。公司紧跟国家政策，围绕近几年我国在新能源汽车和动力电池方面的扶持政策调整发展方向，抓住了发展机遇，并专门成立科技战略委员会，以专业化的组织机构来确保科技战略方案的实施，这都为公司的长远发展打下了良好的基础。长园集团对湖南中锂的收购，可以说是对湖南中锂发展成绩的认可。

第二节　上海上创超导科技有限公司

一、超导材料概况

超导现象是指当温度降低到足够低时（即临界温度），有些材料的电阻变为零的状态，而这些特殊材料就是超导体。利用超导体可最大限度降低输电损耗、减少机械磨损。超导被誉为 20 世纪最伟大的科学发现之一。在超导领域，已有 10 人获得了 5 次诺贝尔奖，其重要性不言而喻。目前，该材料已应用于电力传输、生物医学等领域，其他领域的应用也正在不断研发。

根据组成和转变温度的不同可分为低温超导材料和高温超导材料：①低温超导材料的临界转变温度较低，分金属、合金和化合物等，主要有 NbTi 和 Nb$_3$Sn 等。低温超导材料已得到广泛应用。在强电磁场中，NbTi 超导材料用作高能物理的加速器、探测器、等离子体磁约束、超导储能、超导电机及医用磁共振人体成像仪等，Nb$_3$Sn 超导材料除用于制作大量小型高磁场（710T）磁体外，还用于制作受控核聚变装置中数米口径的磁体。低温超导材料由于临界温度较低，需要在液氦环境下工作，冷却成本较高，因而发展较慢。②高温氧化物超导材料是具有高临界转变温度（Tc）能在液氮温度条件下工作的超导材料。高温超导材料不但超导转变温度高，而且成分多是以铜为主要元素的多元金属氧化物，氧含量不确定，具有陶瓷性质。高温超导（HTS）通常指液氮温度以上超导的材料，较高的临界温度使得高温超导材料成为更接近实际应用的超导材料，主要有铋系（BSCCO）材料、钇系（YBCO）材料、MgB$_2$ 超导材料、铁基超导材料等。

基于巨大的市场前景和高度的战略性，高温超导技术及产业化成为国际竞争的战略重点，受到美、日、德等主要发达国家的高度重视。欧盟在新材料等科技计划中将超导体列为重点方向。日本制定了国家层面的超导战略技术路线图，韩国则提出在今后 5 年铺设 50 公里的高温超导电缆。目前，国际上高温超导材料已过渡到第二代，美国、日本等国家在产业化上走在前列。美国超导公司和超能公司在 2002 年前后实现了二代超导材料的产业化并长期垄断市场。2012 年前后，日本、韩国、德国等涌现出多家可量产二代高温超导材料的供应商。

随着新型超导材料的不断发现与产业化进程加快，预计到 2020 年世界范围内超导产业产值将达到 2400 亿美元，其中高温超导应用将占

60%~70%；超导材料为超导产业链核心，其成本占超导产品价值的40%~50%。

二、国内相关产业政策

高温超导材料包括高温超导带材、超导块材和薄膜等，其中高温超导体在强电方面的很多应用都需要用到千米级的高温超导带材，因此也成为重点研究方向。高温超导块材主要应用方向是储能及磁悬浮列车等，高温超导薄膜主要是制作超导电子元器件。我国在高温超导研究中，不仅拥有理论和实验研究的领先优势，更具有超导材料产业化所需要的稀土资源，目前在高温超导材料的研发和产业化上处于世界先进水平，产业化前景巨大。

《中国制造2025》重点领域之新材料中提到：做好超导材料、纳米材料、石墨烯、生物基材料等战略前沿材料提前布局和研制。加快基础材料升级换代。

根据《<中国制造2025>重点领域技术路线图》及《新材料产业发展指南》，新材料产业总体分为先进基础材料、关键战略材料和前沿新材料三个重点方向。其中前沿新材料包括3D打印材料、超导材料、石墨烯等前沿方向，重点是加快创新和布局自主知识产权，抢占发展先机和战略制高点。

《"十三五"材料领域科技创新专项规划》中，将超导材料列为了新型功能与智能材料，提出要发展先进超导线材、薄膜及器件批量制备，高性能热电和节电等材料及技术。

三、企业科技战略布局

上海上创超导科技有限公司（以下前称上创超导公司）是在上海市政府直接指导下由上海大学、上海聚惠生物医药产业开发有限公司、上海科技创业投资（集团）有限公司及管理团队、技术团队等自然人股东于2011年8月共同投资组建的混合所有制企业。由来自中科院各研究所的博士、博士后及世界500强企业的管理团队创立，具有硕士以上学历的人员占公司人数的48%。公司的技术源于上海大学数十年自主创新的积累，曾获得多项国家重大专项、上海市重大技术装备专项的支持，通过实验室研发－自主研发设计－产学研联动的创新模式，于2014年共同筹建了上海市高温超导重点实验室（已于2016年11月顺利通过验收），建成了上创－上大超导工程联合研发中心，成功生产出国内首条千米级第二代高温超导带材。上创超导公司是集产学研用一体、致力于第二代高温超导材料以及下游应用装备研发、生产的战略型新兴产业高科技公司。其高温超导带材生产基地，如图11-2所示。

图 11-2　上创超导公司高温超导带材生产基地

作为上海市产业化重大项目的牵头单位，利用完全自主知识产权的组分、工艺和装备，于2013年在国内率先实现了千米级第二代高温查到带材的试制与生产，成为世界上第二家具有千米级低成本、化学溶液法带材的制造企业。其低成本MOD工艺技术路线填补了国内空白，成为国内首家应用于军工超导装备领域的企业。上创超导公司以其领先的符合产业化标准的自主工艺、装备技术路线，开创了低成本第二代高温超导材料产业化的中国道路，将在电力、交通、军工、磁医疗康复器械、国家大科学工程等众多领域助推下游装备企业转型升级与技术进步。

上创超导公司与上海大学通过产学研合作，先后申请15项国家专利，在国内外核心期刊发表学术论文共计49篇；培养博士、博士后、硕士共计63人。上创超导公司的产品第二代高温超导带材，先后获得第三届中国国际新材料产业博览会"金奖"、中国军民两用技术十大创新企业、《SCIENTIFCAMERICAN》与美国麦肯锡公司联合评选的"5UNDER5"创新奖、首届中国军民两用技术创新应用大赛"铜奖"、第十八届中国国际工业博览会新材料产业展"参展产品三等奖"、2016中国好材料"最具投资价值企业TOP10"。在2016年度的"全国科技活动周"中上海市高温超导重点实验室还获得全国科技活动周组委会及科技部政策法规与监督司颁发的荣誉证书；2017年度获得上海市科学技术奖"技术发明二等奖"。上创超导公司荣誉，如图11-3所示。

图11-3 上创超导公司荣誉

以上海大学物理、材料博士点、博士后流动站为依托，以全国超导领域专家组成的学术委员会为技术支持，上创超导公司联合上海大学共同开展了基于高温超导基础理论、超导材料成材机理、强电应用及器件仿真、服役行为和可靠性、产业技术攻关、专业人才培养、超导器件设计和性能检测等方面工作；上创超导公司利用上海大学高素质的科研团队、高水平的科研能力，率先在全国研制出千米级第二代高温超导带材，已用于超导变压器、超导电缆等先进电力器件领域，走通一条第二代高温超导带材的国产化路线。公司始终以"诚信铸就品质、创新引领未来"为宗旨，积极与国内外各科研院所及高校展开合作交流，将上创超导公司的高温超导带材产业化与上海大学的基础研究结合起来，通过上海市高温超导重点实验室这个公共服务平台，将产学研用合作之路走得更深、更广、更远。

四、企业科技战略

根据 2017 年 StratisticsMRC 公布的调查数据显示，2015 年全球超导产品市场规模为 8.2 亿美元。超导材料产业链可分为上游的铌、钛、锡、钇、钡等金属矿产资源，中游的 NbTi、Nb3Sn、MgB2、YBCO 和 BSCCO 等超导材料，下游的超导电缆、限流器、磁悬浮交通、储能、先进医疗、国家大科学装置、超导弱电应用等超导应用产品。从整条超导产业链的角度来分析，超导材料可占超导设备成本的 40%～50%，从产业链赢利能力角度分析，超导材料的赢利能力最强；而在 2013 年之前，国内的超导材料主要从美国、日本进口，成本昂贵，约占超导应用产品成本的 50% 左右。

为了打破国外超导材料生产装备、工艺路线等的封锁，上创超导公司通过自主研发设计，建成了国内首条低成本化学法第二代高温超导带材的连续化生产线，拥有若干关键技术的自主知识产权，成功于 2013 年在国内率先生产出千米级第二代高温超导带材。为了将国产的高温超导带材产业化之路走得更远、更广，加快国内超导下游应用产品的研发进程，拓宽超导下游应用领域，上创超导公司加大了产学研用联动发展的力度，解决了制备氧化物缓冲层和 REBCO 超导层关键技术难题，首次在国内建成了低成本化学法第二代高温超导带材的连续化生产系统，经清华大学应用超导研究中心及电子薄膜与集成器件国家重点实验室检测，带材性能达到国际领先水平。

不同规格的第二代高温超导带材，如图 11-4 所示。

图 11-4　不同规格的第二代高温超导带材

上创超导公司始终坚持"三步法"的发展模式：一是与国内外科研院所、高校合作，共同推进超导材料成材物理机制的研究，做到"知其所以然"；二是通过产学研合作，加强新产品、新工艺、新装备的研发，进一步提高超导带材的载流能力，提高其在不同磁场下的性能，做到"物有所值"；三是通过自主设计，在满足下游应用市场所需带材的前提下，利用长度短或载流能力低的超导带材，开展超导磁悬浮模型等应用的研发工作，做到"物尽其用"。

五、发展成果

上创超导公司依据上海大学的技术力量，通过自主研发千米级动态装备和低成本技术路线，掌握了从金属基带到缓冲层和超导层制备等超导材料产业化关键技术，形成自主知识产权成套制造装备，实现了第二代高温超导带材的规模化制备，形成了千米级缓冲层和超导层生产线，生产出以 $Al_2O_3/Y_2O_3/MgO/LMO$ 作为缓冲层、YBCO 为超导层、铜为加强封装层、聚酰亚胺为绝缘层的第二代高温超导带材。

(一) 成材关键技术攻克

第二代高温超导带材的典型结构（见图 11-5），关键层包括金属基底、缓冲层、超导层。作为整个超导带材的基板，要求金属基底具有一定的抗氧化性、弱磁性以及良好的机械性能；缓冲层一方面是超导层外延生长的织构基底，另一方面也可作为阻挡金属基底与超导层之间元素扩散的阻挡层，要求具有良好的化学稳定性；超导层是超导材料中超导电性发生的主要部分，其厚度、磁通钉扎性能等都会影响带材整体的载流能力。公司针对不同层的要求，相继开展了金属表面抛光技术、缓冲层组分和外延工艺技术、超导磁通钉扎技术以及超导带材的焊接技术等研究，解决超导带材生产过程中的瓶颈问题。超导带材连续化生产装备，如图 11-6 所示。

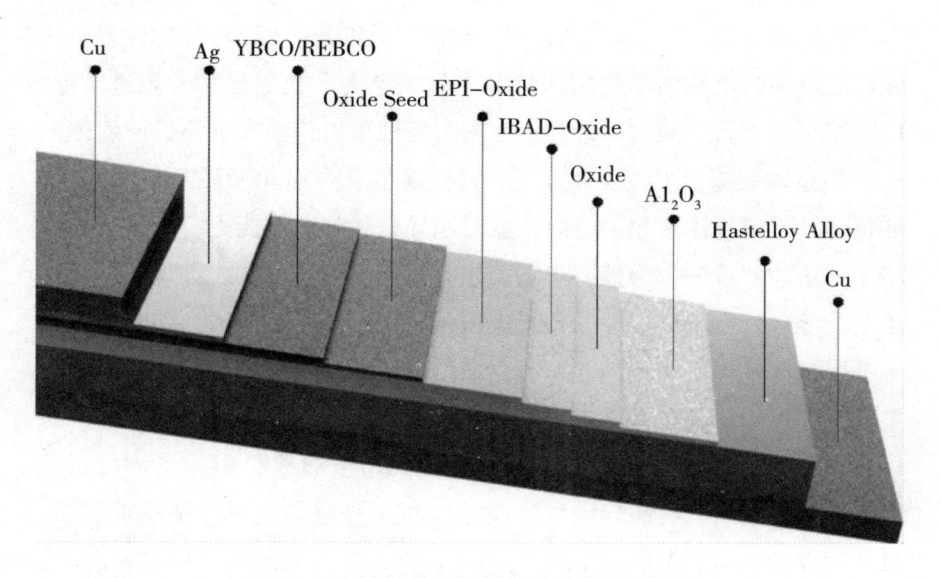

图 11-5　第二代高温超导带材结构示意图

图 11-6　超导带材连续化生产装备

（二）超导应用领域拓展

超导材料具有零电阻、完全抗磁性以及宏观量子效应等特性，应用领域可分为强电和弱电应用两部分，包括电力、交通运输、先进医疗、国防军工、大科学装置等。利用零电阻特性可以传输大电流，产生强磁场，如超导电缆、大科学装置等；其抗磁性，可以用于磁悬浮交通等。如将超导材料应用于超导电缆，就对超导材料的载流能力及机械性能提出了一定的要求。公司根据市场需求，不断进行研发，改进现有的生产工艺、装备，在此过程中，超导应用领域也在不断地拓展。随着能源的不断紧缩，各国已经把超导材料在强电领域的应用，如超导磁体、超导电缆、超导限流器、超导变压器等作为重点发展方向，并有望在未来 10 年内形成一定的产业规模。表 11-1 列出了超导材料的具体应用领域，公司在满足现有超导电缆、超导电机项目超导带材用量的前提下，也在积极寻求与下游应用生产企业的合作研发，紧跟国外超导应用研发步伐，加快国内超导带材在超导电缆、超导限流器、超导风力发电机、超导储能、磁悬浮交通方面的等应用研究。

表 11-1 超导材料应用领域细分

应用领域	强电应用 （基于零电阻、完全抗磁性）	弱电应用 （基于宏观量子相干效应）
智能电网	超导电缆 超导故障限流器 超导变压器 超导储能器 超导发电机	
国防军事	电磁推进舰艇 超高速超导电磁炮 超导陀螺仪	超导雷达 遥感
交通运输	超导磁悬浮高速列车 超导大功率电动机	
医疗仪器	超导核磁共振成像仪（MPI）	心图仪 脑图仪
通信、重大科学装置等	大型离子加速器-对撞机 托克马克装置 磁分离	超导量子干涉仪（SQUID） 无线通信 滤波器-有线通信

（三）不同规格带材应用

自 2013 年公司生产出国内首条千米级第二代高温超导带材以来，已形成年生产能力达 300km、带材宽度达 4mm～12mm、临界电流载流能力达 450A（77K，自场）、不同长度的第二代高温超导带材的生产能力。针对超导电缆应用，所需的长度是百米级，临界电流达 100A 以上的超导带材；针对超导应用装备的研发，所需的是临界电流达 80A 以上，长度为几十米的超导带材。

公司采用低成本的化学溶液法来制备第二代高温超导带材，与国内其他单位形成错位发展模式，并采用自主研发设计的生产装备，避免了国外技术封锁，可真正实现高温超导带材的国产化制备。化学法制备具有原材料利用率高（可达100%）、无须高真空设备等优点，且化学组分易于调控。本项目产品是第二代高温超导带材，与一代相比具有明显优势：临界电流密度更高，超导转变温度更高，所需工作环境温度更高，有效避免了昂贵液氦的使用，且省去了贵重金属银，成本也大大降低，使实现低成本、国产化制备成为可能。

为满足下游应用需求，上创超导公司已通过自主研发设计，建成了超导带材分切、封装等连续化成品生产装备。生产的高温超导带材目前已供国内科研院所、高校的科研人员使用，开展下游应用研发。2017年，上创超导公司的第二代高温超导带材项目还被入选为"2017年年度军用技术转民用"十大重点推荐项目，并中标了2017年工业强基工程。相比于高温超导带材生产装备国产化的从无到有，在成功进行科技成果评价以来，上创超导公司的营业收入也实现了从两位数到百万级的突破，2018年的销售额预计能突破千万级。目前公司正积极开展新生产线的建设工作，进一步扩大产能，提高性价比，为高温超导电缆示范工程、超导电机等提供满足要求的高温超导带材。

六、科技战略对企业的意义

上创超导公司依托高校和科研院所成立，重视企业的科技战略是企业最鲜明的烙印。管理团队专业的技术背景以及与科研院所之间良好的合作关系是上创超导公司能够在高温超导带材领域不断取得进步的重要砝码。公司在获得高温超导材料产业化成功的同时，始终将研发工作放在首位，这种研发既包括对高温超导领域新技术、新工艺、新材料的持续跟踪，也包括对于下游应用客户需求的不断满足。

上创超导公司已经为下一步的科技战略方向做出了明晰的规划。目前市场上的超导带材生产单位已可提供带材长度达到1000m的带材，但是长带材的临界电流均匀性还不高，往往是将短带材进行焊接之后来达到工程应用的长度。将高温超导材料应用于电缆、变压器等电力方面时,需要提供带材长度长、接头少的超导带材,因此需要对焊接技术进行研究,实现低电阻或无阻焊接,解决带材焊接过程中的关键技术难题。上创超导公司将围绕带材在线检测、载流能力提高、宽度提高以及无阻焊接技术,继续开展关键技术研发,进一步提高带材的性价比,为实现高温超导带材的大规模应用做技术储备。

针对生产长带产生的"边角料",要如何有效利用呢?这类带材的宽度、长度、载流能力没有符合现有超导电缆、电机等市场的需求,上创超导公司针对不同规格的带材,开展了磁悬浮模型的研发。目前,公司内部已设立了两个兴趣小组,分别开展磁悬浮模型列车的开发工作,已取得初步成效。预计在未来一年内,公司将相继推出针对不同年级、科技馆、实验室所需的磁悬浮模型,提高带材的利用率。

第三节 国家信息光电子创新中心

一、光电子产业概况

光电子技术是电子信息技术的重要分支,也是半导体技术、微电子技术、材料技术、光学、通信、计算机等多学科交叉产生的新技术。光电子产业包括信息光电子、能量光电子、消费光电子、军事光电子、软件与网络等领域。光电子技术不仅全面继承兼容电子技术,而且具有微电子无法比拟的优越性能,更广阔的应用范围,光电子产业成为 21 世纪最具魅力的朝阳产业。无论是日本、美国、欧洲各国等发达国家,还是一些新兴经济体,都对光电市场未来成长潜力寄予厚望,并积极投入光电产业的发展。

日本是信息电子产业的强国,近几年日本电子信息产业出现下行,无论是产业产值、进出口贸易规模还是主要消费电子设备出货量均呈现不同程度的下降，但事实上日本在电子元器件很多领域占据全球半数以上的市场份额。相关报告显示，2016年Apple公司采购过的日本元器件公司数量已超过865家（是除美国本土外最大规模的国家），总交易额超过3兆6千亿日元。中国连续多年是世界上进口日本产电子元器件最多的国家。

半导体生产设备是半导体产业发展的基础，也是半导体产业价值链顶端的"皇冠"，从全球范围看，美国、日本、荷兰是3大强国。日本在多种生产设备上处于垄断地位。从材料领域来看，日本半导体材料的总体份额超过了66%。在常用的19种半导体材料中，日本拥有超过50%份额的材料就占到了14种。

美国的光电子产业与日本相比起步较晚，而且相比日本光电子行业的企业规模，美国企业的规模一般较小。然而，光电子技术主要方面的突破产生于美国，世界光电子高技术研究的重心在美国。美国一直都保持着一种对科学技术的高投入，在传统光电子领域和多个科技领域具有很强的技术优势和发展后劲。

1998年，美国在亚利桑那州南部的Tucson，以亚利桑那大学为中心建立了"光谷"。"光谷"内企业约150余家，主要从事精密电子零件、电子设计软件研发、定位系统、激光、电子资料传输与储存，以及大型光学镜片及零件的生产与服务，以进一步加大美国光电子产业发展力度。

欧洲光电子器件和系统的产量在全球占有举足轻重的地位。光伏制造业在欧洲是快速发展的行业。七大产业对于欧洲整个市场的贡献均衡，即光伏、国防、光学传感系统、产品技术、测量与机器识别、医疗技术、照明，但是欧洲在光伏、激光器加工、照明领域处于世界领先水平。

二、国内相关产业政策

我国政府和行业主管部门历来都对光电子器件行业的发展十分重

视,为了提高和加强行业内企业的技术和产品的竞争力,国家和有关部门在过去的20多年里制定了多个产业政策和措施支持光电子器件行业的发展。

1983年开始实施的"国家科技攻关计划"中多次将包括光电子器件在内的信息技术项目列为选题重点,积极扶持光电子技术的研究。

1986年经国务院批准的"高技术研究发展计划纲要"(亦称"863"计划)中将光电子器件和光电子、微电子系统集成技术等选为信息领域的四大主题之一。

1988年经国务院批准的"火炬计划"选出了七个重点发展领域,作为其中之一的电子与信息领域中包括了光电子器件的项目。

1997年由科技部组织实施的国家重点基础研究发展计划(亦称"973"计划)中将微电子器件、光电子器件、纳米器件和集成技术基础研究列为信息技术的重点研究方向。

此外,国家信息产业部"九五"、"十五"规划中都将光电子器件作为高速宽带信息网络构建基础加以重点发展。从整体来看,"十二五"期间,国家对宽带网络、4G无线网络、互联网、三网融合等大力支持。"十三五"以来,随着中国制造2025、互联网+等国家战略出台和新一代信息技术迅猛发展,我国光电子器件产业也迎来了获得了重大发展机遇。

在光电子技术方面,我国与国际水平差距较小,与发达国家几乎同时起步。根据来自中国科学院光电研究院的资料显示,自20世纪90年代初以来,在广东、上海、北京、武汉、西安、吉林等地出现了大量光电子企业,从产能和产量来看,中国已经达到世界级水平。但是,中国光学产品大多数集中在中低端领域,尽管规模庞大,可市场价值并不高,主要体现在:我国相关基础研发薄弱、产业创新能力不强、产业链发展不均衡情况依然存在,核心高端光电子器件水平相对滞后已成为制约产业发展的瓶颈。

三、国家信息光电子创新中心是我国产业创新的有益探索

根据美国、日本的发展经验，光电子产业的发展离不开政府的持续推动，无论从产业转型升级角度，还是从国际竞争新优势角度，加快突破核心技术、掌握知识产权、建立系统完备的光电子产业体系已然时不我待。

光电子信息产业作为武汉市的四大产业之一，也是湖北省的重要产业支柱。自2001年由国家科技部、发改委批准在武汉建设第一个国家光电子产业化基地以来，"武汉·中国光谷"发展迅速，已经成为我国在光电子信息领域参与国际竞争的标志性品牌。目前这里已经成为全球最大的光纤光缆研制基地，也是我国最大的光器件研发生产基地，光器件国内市场占有率为60%，国际市场占有率为12%。激光产业国内市场占有率连续11年超过50%。

2017年4月26日，国家信息光电子创新中心（以下简称光电子中心）在武汉烽火科技正式挂牌，成为"中国制造2025"全国正式授牌的第二批创新中心，同时也是湖北省获得的第一个国家制造业创新中心。国家信息光电子创新中心的正式授牌，标志着该中心全面转入实质性运营阶段，也象征着我国光通信行业强"芯"之旅正式起航。

光电子中心依托的单位为武汉光谷信息光电子创新中心有限公司（以下简称光电子公司），其中主要股东为光迅科技。

光迅科技成立于2001年，前身是1976年成立的邮电部固体器件研究所，2009年8月登陆深圳证券交易所，成为国内首家上市的光电子器件公司。2012年12月，光迅科技和武汉电信器件有限公司（WTD）重组合并，推动企业在产业规模、技术研发等方面的快速发展。2013年，公司收购丹麦IPX公司，切入核心芯片技术，进军高端无源芯片市场。2016年，增资大连藏龙光电子科技有限公司，并与法方合资成立阿尔玛伊科技公司。根据OVUM等第三方机构的统计数据，2016年，光迅科技市场份额继续保持全球前五。

作为光电子器件研发的先行者，光迅科技先后承担"863 计划""973 计划"等各类国家级项目 100 多项，累计起草国家标准和通信行业标准 150 项，申请国内外专利 1000 多件。通过持续不断的技术积累，光迅科技形成了半导体材料生长、半导体工艺与平面光波导技术、光学设计与高密封装技术、热分析与机械设计技术、高频仿真与设计技术、软件控制与子系统开发技术六大核心技术工艺平台，拥有业界先进的端到端产品线和整体解决方案，具备从芯片到器件、模块、子系统全系列产品的垂直整合能力，灵活满足客户的差异化需求。

完善的自主技术创新体系，使得光迅科技在我国光电子器件领域排名前列，在承接科技计划和产业项目时拥有良好的产业基础。

（一）中心职责

国家信息光电子创新中心（原名"武汉信息光电子创新中心"，简称"光电子中心"）主要围绕信息光电子产业发展的重要需求，重点开展测试验证能力、中试孵化能力及行业支撑服务能力建设，支撑实现关键共性技术转移扩散和首次商业化应用。到 2020 年，解决 25G 速率及以下光电子芯片技术，实现国内厂家在核心光电子芯片和器件的市场占有率不低于 30% 的目标。光电子中心是要承担行业孵化与服务平台的职能，在为行业提供支撑服务的同时实现关键产业化领域核心产品的技术与商业化的突破及大规模应用。

该创新中心力争通过 3~5 年建设，建成国际一流的信息光电子制造业创新平台，推动核心光电子芯片和器件行业供给率超过 30%；力争到 2025 年，实现核心光电子芯片和器件自主可控。通过政府牵引、企业主导、高校和科研机构支持，集聚行业优势资源，形成"产学研用融"合作共赢的创新生态系统，打通先进制造技术从基础研究到应用研究、首次商业化和规模化生产的创新链条，促进行业关键共性技术向规模化、经济高效的制造能力转化。

（二）运作机制

国家信息光电子创新中心建立了现代化的企业法人制度，充分发挥市场在资源配置中的作用。光电子中心依托的单位为武汉光谷信息光电子创新中心有限公司（以下简称光电子公司），目前光电子公司股东有9家。其中，光电子公司主要股东的光迅科技为国内无源器件的"老大"，烽火通信是国内光通信领域最具竞争力的企业，而光迅科技和烽火通信的母公司烽火科技集团是国内唯一集通信系统、光纤光缆、光电器件于一体的科研公司。

公司其他股东中的高芯是全球主要红外成像系统供应商高德红外旗下子公司，陕西光电子集成电路先导技术研究院和西安中科光机投股份有限公司都为中科院西安光学精密机械研究所所属单位，而武汉光电工业技术研究院有限公司则为武汉光电国家实验室所属单位。

从光电子公司股东及股东公司实际控制人的经营规模与行业地位看，光电子公司是目前国内光通信领域行业最具代表性的经营性平台，基本上集合了国内光通信领域乃至光电领域产业和科研领域主要的力量，实力雄厚，产业基础广泛。

目前，依托光迅科技领先的芯片平台、光通信技术和网络国家重点实验室两大技术平台，该中心创建了光电芯片工艺平台和光电集成研发平台（硅光平台、高端器件验证平台），形成了从材料生长，到芯片后工艺、光子集成、光电集成、高速系统硬件试验测试的高端工艺和测试的技术平台。中心组建了包括10名院士专家和17名行业专家的委员会，建立了市场化的项目运作和管理、知识产权归属及技术成果转化机制，成立以来已经实施了硅光技术转移扩散，在III-V族高端光电芯片技术和工艺以及硅光集成芯片设计和测试方面、高速光系统设计和验证方面拥有强大的创新能力，对信息光电子领域产业技术创新形成了重大影响。

四、信息光电子创新中心是我国科技创新的有益探索

"十二五"至今，我国信息产业发展势头十足，全球影响力日渐提升。但国内信息光电子产业领域始终面临"大"而不"强"、产业链发展不均衡、核心技术对外依存度高等短板。在《中国制造2025》里，新一代信息技术产业成为了十大重点领域之一。围绕着"互联网+"、宽带中国、智能制造、智慧城市、信息安全等国家战略新兴光电子应用领域所需的高端光电子芯片制造与先进集成封装技术，作为新一代信息技术基础的信息光电子创新中心将肩负起提升国家信息光电子核心竞争力、促进新一代信息技术产业转型升级的重任。

信息光电子创新中心的背后是武汉雄厚的产业基础。武汉汇聚了42所高等院校、56个国家省部级科研院所，拥有包括66名两院院士以及从研发人员到技术工人全产业链的成熟人才队伍。2016年，武汉光电子企业销售规模超过5000亿元，是国内最大的光电子信息产业集群。

企业牵头是一次有益的尝试与探索。牵头单位武汉光迅科技股份有限公司是我国光电子领域的龙头企业，在丹麦、法国和美国拥有研发中心，形成了"三位一体，优势协同"的战略布局。股东单位均为国内行业前三的龙头企业，参与共建的单位涵盖了信息光电子领域的优势企业、研究院所和高校、重要应用领域典型用户等，且与28家产业链上下游企业签署了共建协议，在平台建设、资源共享、人员交流等方面开展合作。

信息光电子创新中心秉承的"开放、合作、共赢"的开放合作理念更体现了信息光电子创新中心的平台色彩，发挥骨干企业主导作用，集聚全球创新资源，建立联合开发、优势互补、成果共享、风险共担的"产学研融"协同创新机制，也为中心以后持续吸纳先进企业、先进人才打下了良好的基础。

信息光电子创新中心的建设将为我国探索更加合理的产业协同发展模式积累宝贵的经验，也会对光电子产业前沿技术与关键共性技术研

发、突破关键共性技术供给瓶颈和促进科技成果商业化应用、培育科学家到企业家多层次人才队伍起到积极的作用。

第四节 万丰轻量化材料制造业创新中心

一、材料轻量化概况

材料轻量化，一般通过采用轻量化的金属和非金属材料实现，当前采用包括工程塑料以及各种复合材料。轻量化材料作为工业中不可或缺的材料，在汽车、船舶、航空航天等领域有广泛的应用，汽车行业尤为迫切。目前在汽车行业的材料轻量化已经成为一种趋势，在不影响车身强度的情况下，使用更多的铝合金、镁合金、工程塑料等有助于降低车身自重，从而带来更好的燃油经济性。

近几年，发达国家对轻量化材料的研发投入持续加大。2014年2月，白宫宣布了美国国家制造业创新网络的成立，即 ALLMMII——美国轻量化材料创新研究院。该研究院的成立是美国联邦政府帮助美国制造商的一个举措，旨在提高竞争力并鼓励国内投资。ALMMII 专注于开发先进的轻量化金属制造技术，适用领域包括交通及工业应用。

英国政府一直致力于谋求英国汽车产业的持续成功，政府向汽车研究基金（automotive research funds）投入12亿多英镑，覆盖低碳推进、轻质材料以及网联式与自主式汽车等领域，并且在布鲁内尔大学启动了先进金属铸造中心（Advanced Metal Casting Centre,〈AMCC〉），重点专注开发用于汽车和铁路结构件的轻量化、高性能铝合金。

日本的新材料产业凭借其超前的研发优势和研发成果的实用化开发力度，不少领域在环境、新能源材料世界市场占有绝对的优势地位，在轻量化材料领域也有良好的基础。

由于我国的轻量化材料研究起步较晚，与美国、日本等发达国家相比仍有不小的差距。为此,国家高度重视轻量化材料产业,大力推进轻量化材料的发展。《中国制造2025》将轻量化材料作为核心技术,工信部、发改委、科技部三部委印发了文件,作为未来轻量化材料的发展方向之一。

二、国内相关产业政策

轻量化材料无论是在国防还是民用领域都有非常重要的战略作用,它涉及面广,轻量化不仅仅是几种材料的问题,还包括制造工艺的改进、传统材料改造等内容,是一种未来行业推进发展的趋势。近几年,我们国家对轻量化非常重视,出台了多项政策来推动轻量化材料的发展。如表11-2所示。

表11-2 与轻量化材料相关的产业政策

发布时间	发布单位	政策名称
2016年11月	工信部、发改委	《化纤工业"十三五"发展指导意见》
2017年4月	工信部、发改委和科技部	《汽车产业中长期发展规划》
2017年1月	工信部、发改委、科技部和财政部	《新材料产业发展指南》
2016年4月	工信部、发改委、科技部和财政部	《高端装备创新工程实施指南》
2016年4月	工信部、发改委、科技部和财政部	《智能制造工程实施指南》
2016年10月	工信部	《产业技术创新能力发展规划(2016—2020年)》
2016年9月	工信部	《有色金属工业发展规划(2016—2020年)》
2016年9月	工信部	《纺织工业发展规划(2016—2020年)》
2016年9月	工信部	《石化和化学工业发展规划(2016—2020年)》

续表

发布时间	发布单位	政策名称
2016年7月	工信部	《轻工业发展规划（2016—2020年）》
2016年6月	工信部	《工业绿色发展规划（2016—2020年）》
2014年12月	工信部	《乘用车燃料消耗量限值》
2013年10月	工信部	《加快推进碳纤维行业发展行动计划》
2017年6月	发改委	《外商投资产业指导目录（2017年修订）》
2017年2月	发改委	《中西部地区外商投资优势产业目录（2017年修订）》
2017年1月	发改委	《战略性新兴产业重点产品和服务指导目录》
2016年12月	发改委	《石油发展"十三五"规划》
2016年12月	发改委	《天然气发展"十三五"规划》
2014年8月	发改委	《西部地区鼓励类产业目录》
2016年11月	国务院	《"十三五"国家战略性新兴产业发展规划》
2012年6月	国务院	《节能与新能源汽车产业发展规划（2012—2020年）》
2017年4月	科技部	《"十三五"材料领域科技创新专项规划》
2016年8月	质检总局、国家标准委、工信部	《装备制造业标准化和质量提升规划》

资料来源：根据公开资料汇总，联盟整理。

与轻量化材料相关的政策有很多，如2016年12月9日，工业和信息化部（以下简称工信部）、国家发展和改革委员会（以下简称发改委）正式发布《化纤工业"十三五"发展指导意见》。化纤是纺织工业的主要原料，也是纺织工业创新发展的基础，为落实《中国制造2025》，引导化纤工业加快转型升级，建设纺织强国，特编制《化纤工业"十三五"发展指导意见》。

着力提高常规化纤多种改性技术和新产品研发水平，重点改善涤纶、锦纶、再生纤维素纤维等常规纤维的阻燃、抗菌、耐化学品、抗紫外等性能，提高功能性、差别化纤维品种比重；加快发展定制性产品，满足市场差异化、个性化需求。加快发展工程塑料、膜等非纤用切片及产品，扩大应用领域。重点攻克低成本、高稳定性制造技术和装备，开发适用不同领域需求、不同档次的纤维品种，碳纤维要以汽车轻量化和大飞机制造等国家重大工程为契机，重点攻克高端纤维及复合材料生产技术。

2017年4月25日，工业和信息化部、国家发展和改革委员会、科学技术部正式发布《汽车产业中长期发展规划》（以下简称《规划》）。《规划》提出目标之一为全产业链实现安全可控：突破车用传感器、车载芯片等先进汽车电子以及轻量化新材料、高端制造装备等产业链短板，培育具有国际竞争力的零部件供应商，形成从零部件到整车的完整产业体系。

2017年1月23，工业和信息化部联合发改委、科技部、财政部正式发布《新材料产业发展指南》。提出要发展先进基础材料。加快推动先进基础材料工业转型升级，以基础零部件用钢、高性能海工用钢等先进钢铁材料，高强铝合金、高强韧钛合金、镁合金等先进有色金属材料，高端聚烯烃、特种合成橡胶及工程塑料等先进化工材料为主。

2016年7月18日，工业和信息化部正式发布了《工业绿色发展规划（2016—2020年）》。在主要任务中提出，以供给侧结构性改革为导向，推进结构节能。提升产品的轻量化水平，推广复合材料、轻合金、真空镀铝纸等高强韧度新型材料，推广超高强度钢热冲压成形技术以及真空高压铸造、超高真空薄壁铸造等轻量化成形工艺。鼓励支撑工业绿色发展的共性技术研发。按照产品全生命周期理念，以提高工业绿色发展技术水平为目标，加大绿色设计技术、环保材料、绿色工艺与装备、废旧产品回收资源化与再制造等领域共性技术研发力度。重点突破产品轻量化、模块化、集成化、智能化等绿色设计共性技术，研发推广高性能、轻量化、绿色环保的新材料，突破废旧金属、废塑料等产品智能分选与高值利用、固体废物精细拆解与清洁再生等关键产业化技术，开展基于全生命周期的绿色评价技术研究。

三、企业的战略布局

威海万丰镁业科技发展有限公司（以下简称万丰镁业）成立于2002年，设立之初是为实施国家863计划"高强高韧镁合金研制及其在车轮上的应用"，早期经营范围涵盖气门、气门组件、发动机盖、支架、软垫、夹箍、车轮、轮辋、轮罩、转向盘、汽车喇叭、扬声器等产品。

2008年，万丰镁业曾经一度陷入破产困境。重组后，万丰镁业调整思路，把镁合金高科技材料用到汽车轻量化轮毂的生产上。万丰镁业集中所有财力、人力专注于轮毂的研发和生产，参与制定了3项国家级镁合金材料标准，获2项发明专利。靠独一无二的技术和产品，万丰镁业轮毂一举打开了宝马、法拉利、克莱斯勒、哈雷等世界顶级企业的大门。到2013年，企业便从亏损实现销售收入3亿元、利税5000万元。

万丰镁业能够走出困境，与万丰的战略专注密不可分，也与企业的科技战略有重要的关系。作为我国较早进行镁合金材料及汽车零部件，尤其是镁合金车轮等力学结构件研发的企业，万丰镁业得益于威海市大力实施的'一企一技术'培育认定。万丰镁业受到这一政策的支持，公司连续数年每年投入1000万元搞产品研发和人才引进。万丰镁业不断提升自己的产品质量，打破乘用车镁合金车轮技术壁垒，成为了众多知名汽车厂商的合作单位。如今，企业将在未来的发展方向锁定为镁合金新材料、轨道交通、电子通信等领域。

万丰镁业十分重视产学研的重要性。公司已经拥有省级镁合金工程技术研究中心、企业技术中心和重点实验室，建立了企业汽车轻量化平台；2015年1月，响应省科技厅政策，将工程中心建设成省级示范工程中心，并依托该平台成立了山东省威万轻合金工程技术研发有限公司。公司拥有专利29项，起草镁合金国家标准3项，具有强大的科研开发、自主创新能力；先后承担了国家"十五""十二五""863科技支撑计划"等镁合金高科技项目、中小企业创新基金项目、国家火炬计划等多项国家重点项目的研发和实施;与沈阳工业大学、清华大学等科研院校建立了良好的产学研合作关系,并与北京有色金属总院构建了战略合作关系。

万丰镁业从最初的做产品,到后来输出技术,再到如今积极参与轻量化创新中心的搭建,体现了企业科技战略的转变,是契合企业发展与国家整体发展战略的调整。

四、发展成果

公司经营的持续改善也使得万丰镁业获得了更多的发展机会,2012年,万丰奥威收购万丰镁业68.8%的股权,成为了万丰奥特集团旗下的控股子公司。万丰奥特集团是一家主要做轻量化材料和深加工的企业,2016年的销售是248亿人民币,排在中国制造业第259位。作为轻量化材料制造业创新中心的牵头单位,万丰奥特涉足汽车部件、航空工业、智能装备、金融投资等领域。铝轮毂和镁合金产业实现行业全球领跑,根据其上市主体万丰奥威2017年年度报告所示,其铝合金轮毂业务已实现了行业细分市场的全球领跑。2017年,万丰镁业积极响应国家政策导向,提升技术能力,打造"工业4.0"智能化的铝合金轮毂制造基地,当前首期年产600万套高强韧摩托车铝轮智慧工厂全新生产线已正式进入量产阶段,年产220万件铝合金轮毂智慧工厂项目已正式批准筹建。

2017年9月9日,由中国企业联合会、中国企业家协会主办,江西省人民政府、全国工业和信息化科技成果转化联盟承办,威海万丰镁业科技发展有限公司支持的"2017中国500强企业高峰论坛——轻量化材料产业发展专场论坛"在江西南昌召开,会议上万丰奥特集团联合其他单位提出建设我国轻量化材料制造业创新中心。与会专家对我国轻量化材料制造业创新中心建设提出了大量意见建议,为我国轻量化材料制造业创新中心建设打下了很好的基础。

万丰轻量化镁合金业务主要从事汽车镁合金部件的研发、设计、生产及产品市场拓展，并具备将市场推广到交通、国防以及其他行业应用的能力。万丰镁业作为全球镁合金压铸业务的领跑者，拥有行业尖端核心技术，业务区域主要集中在北美市场，客户主要为保时捷、特斯拉、奥迪等国际顶级汽车厂商。同时不断推进镁合金部件国产化进程，以满足国内市场的需求，当前年产 70 万套仪表盘骨架和 1000 万套转向管柱项目一期已进入量产阶段。

2018 年 5 月 21 日，"轻量化材料制造业创新中心研讨会"在国家工信部举行，来自国内轻量化材料领域的 13 名两院院士、15 名行业领军专家齐聚一堂，专题研讨万丰镁业牵头创建国家级轻量化材料制造业创新中心。这标志着轻量化材料制造业创新中心建设又向前推进了关键的一步。

国家级轻量化材料制造业创新中心定位轻合金材料，高/超高强钢、复合材料及高分子材料，汇聚行业优势创新资源，共建轻量化材料技术研发及产业创新平台，重点开展产业前沿及共性关键技术研发、知识产权保护运用、科技成果商业化应用、标准制定、公共服务、人才培训、国际合作等工作。采用"公司＋联盟"的模式运行，以市场需求为导向，形成应用、生产、科研需求链，解决轻量化材料应用技术瓶颈。以科研成果为依托，实现技术储备、成果转化、推广应用，解决科研成果难以产业化的难题。按照"滚动发展、分期投资"的原则，逐步形成产销规模 30 亿元，实现制造业创新中心可持续发展的目标。

五、科技战略对企业的意义

万丰镁业能取得今天的成就，与万丰镁业的战略专注密不可分。公司将发展方向锁定为镁合金轮毂后，为了实现发展目标，公司到各地大学招徕人才，聚集了一批志同道合的高科技人才，特别是在 2012 年获得山东省自主创新重大专项"高性能镁合金制备及精深加工技术研究开发及产业化"课题后，公司的技术攻关终于得到回报，产品的技术指标达到世界顶级。但是公司的研发脚步并未停歇，万丰镁业先后参与实施国家项目十余项，突破镁合金新材料及成型技术，延伸了产业链，拓展了镁合金在汽车、航空航天、军工等领域的产业化应用，一举奠定了万丰镁业的行业领先地位。

万丰镁业从制造业起家，处于轻量化材料的下游应用端，它并没有满足于仅仅生产轻量化的产品，而是将目光锁定在了整个轻量化材料产业链，牵头成立轻量化材料制造业创新中心。牵头企业并非央企国企这样的大型企业，也不是科研院所，而是一家长期专注于轻量化材料领域的民营企业，这也是轻量化材料制造业创新的一个鲜明特点。

在轻量化制造业创新中心筹备过程中，中国企业联合会、全国工业和信息化科技成果转化联盟这样的行业组织积极参与，通过多种形式搭建产学研用合作平台，发挥行业骨干企业和转制科研院所的主导作用，围绕轻量化材料产业链构建创新链，推动跨领域、跨行业协同创新，体现了我国科技创新力量、科技创新模式的多元化，这对我国制造业从引进技术到自主创新、从单向技术产品攻关向全要素的产业链转变、从封闭式创新到打造创新生态系统的转变是一种有益的探索。

后　记

创新驱动是国家命运所系。国家力量的核心支撑是科技创新能力。创新强则国运昌，创新弱则国运殆。我国近代落后挨打的重要原因是与历次科技革命失之交臂，导致科技弱、国力弱。实现中华民族伟大复兴的中国梦，必须真正用好科学技术这个最高意义上的革命力量和有力杠杆。

创新驱动是世界大势所趋。全球新一轮科技革命、产业变革和军事变革加速演进，科学探索从微观到宏观向纵深拓展，以智能、绿色、泛在为特征的群体性技术革命将引发国际产业分工重大调整，颠覆性技术不断涌现，正在重塑世界竞争格局、改变国家力量对比，创新驱动成为许多国家谋求竞争优势的核心战略。我国既面临赶超跨越的难得历史机遇，也面临差距拉大的严峻挑战。唯有勇立世界科技创新潮头，才能赢得发展主动权，为人类文明进步做出更大贡献。

创新驱动是发展形势所迫。我国经济发展进入新常态，传统发展动力不断减弱，粗放型增长方式难以为继。必须依靠创新驱动打造发展新引擎，培育新的经济增长点，持续提升我国经济发展的质量和效益，开辟我国发展的新空间，实现经济保持中高速增长和产业迈向中高端水平"双目标"。

当前，我国创新驱动发展已具备发力加速的基础。经过多年努力，科技发展正在进入由量的增长向质的提升的跃升期，科研体系日益完备，人才队伍不断壮大，科学、技术、工程、产业的自主创新能力快速提升。经济转型升级、民生持续改善和国防现代化建设对创新提出了巨大需求。庞大的市场规模、完备的产业体系、多样化的消费需求与互联网时代创新效率的提升相结合，为创新提供了广阔的空间。中国特色社会主义制度能够有效结合集中力量办大事和市场配置资源的优势，为实现创新驱动发展提供了根本保障。

同时也要看到，我国许多产业仍处于全球价值链的中低端，一些关键核心技术受制于人，发达国家在科学前沿和高技术领域仍然占据明显领先优势，我国支撑产业升级、引领未来发展的科学技术储备亟待加强。适应创新驱动的体制机制亟待建立健全，企业创新动力不足，创新体系整体效能不高，经济发展尚未真正转到依靠创新的轨道。科技人才队伍大而不强，领军人才和高技能人才缺乏，创新型企业家群体亟须发展壮大。激励创新的市场环境和社会氛围仍需进一步培育和优化。

在我国加快推进社会主义现代化、实现"两个一百年"奋斗目标和中华民族伟大复兴中国梦的关键阶段，必须始终坚持抓创新就是抓发展、谋创新就是谋未来，让创新成为国家意志和全社会的共同行动，走出一条从人才强、科技强到产业强、经济强、国家强的发展新路径，为我国未来十几年乃至更长时间创造一个新的增长周期。

编委会
2018 年 6 月